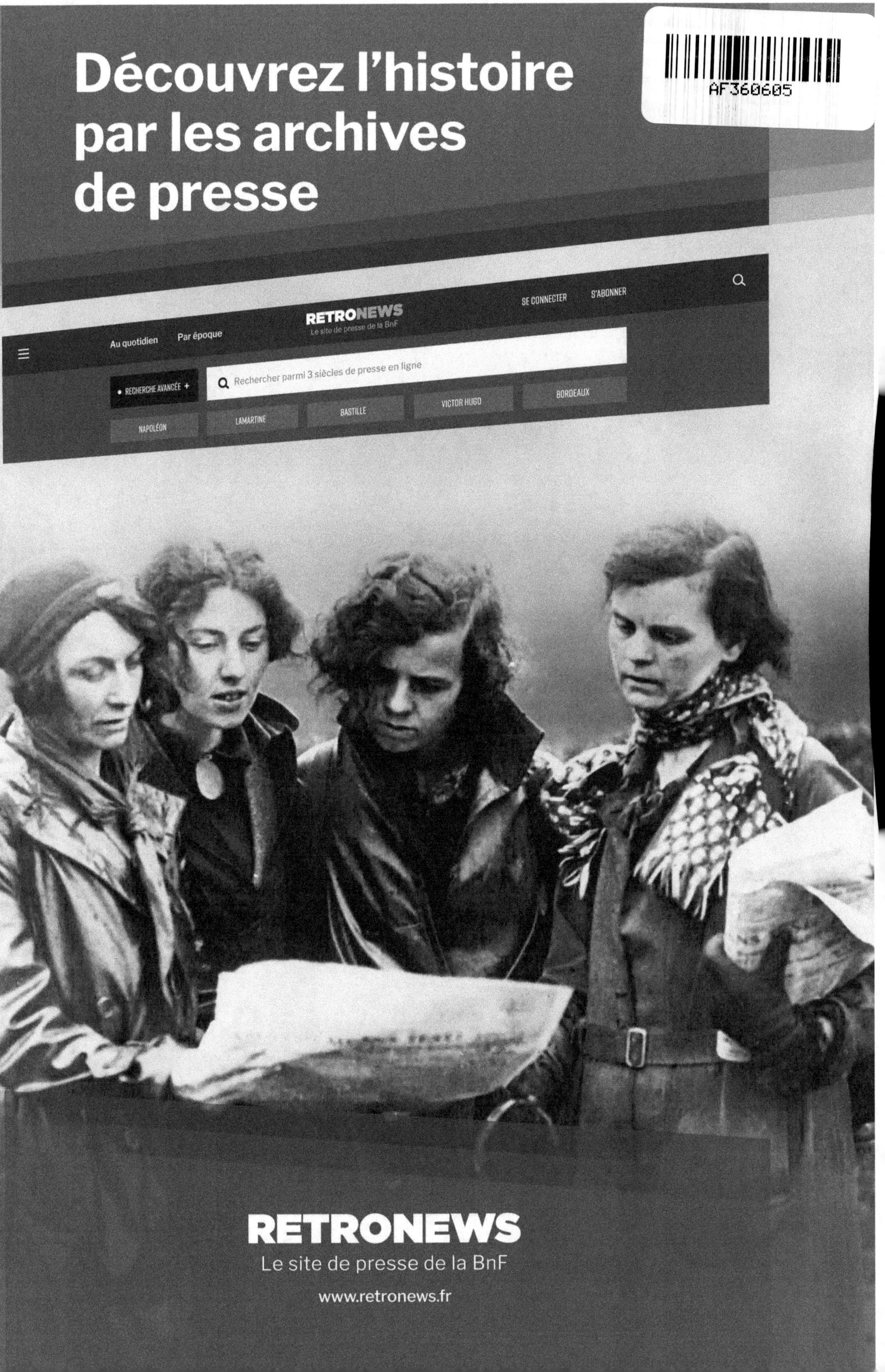

Découvrez l'histoire par les archives de presse

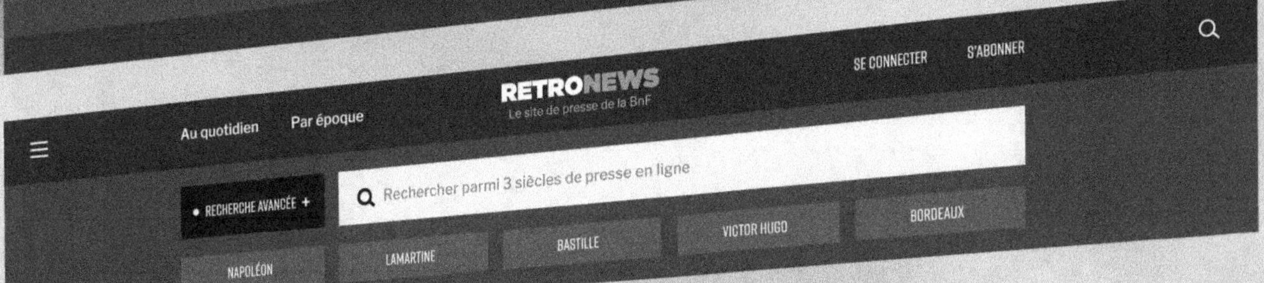

RETRONEWS

Le site de presse de la BnF

www.retronews.fr

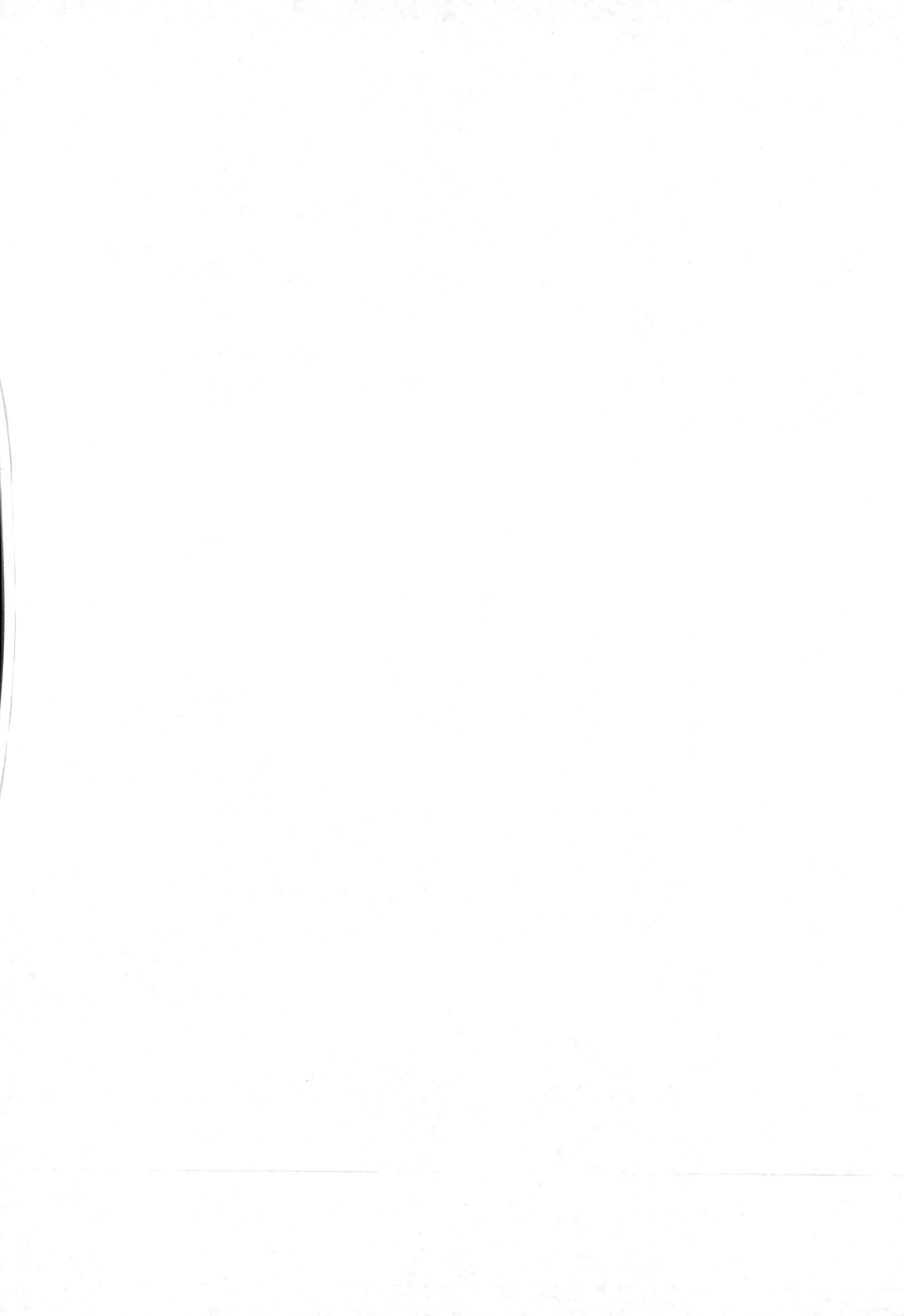

52e Année. — 2092 — LE NUMÉRO : 30 CENTIMES — 25 Janvier 1904

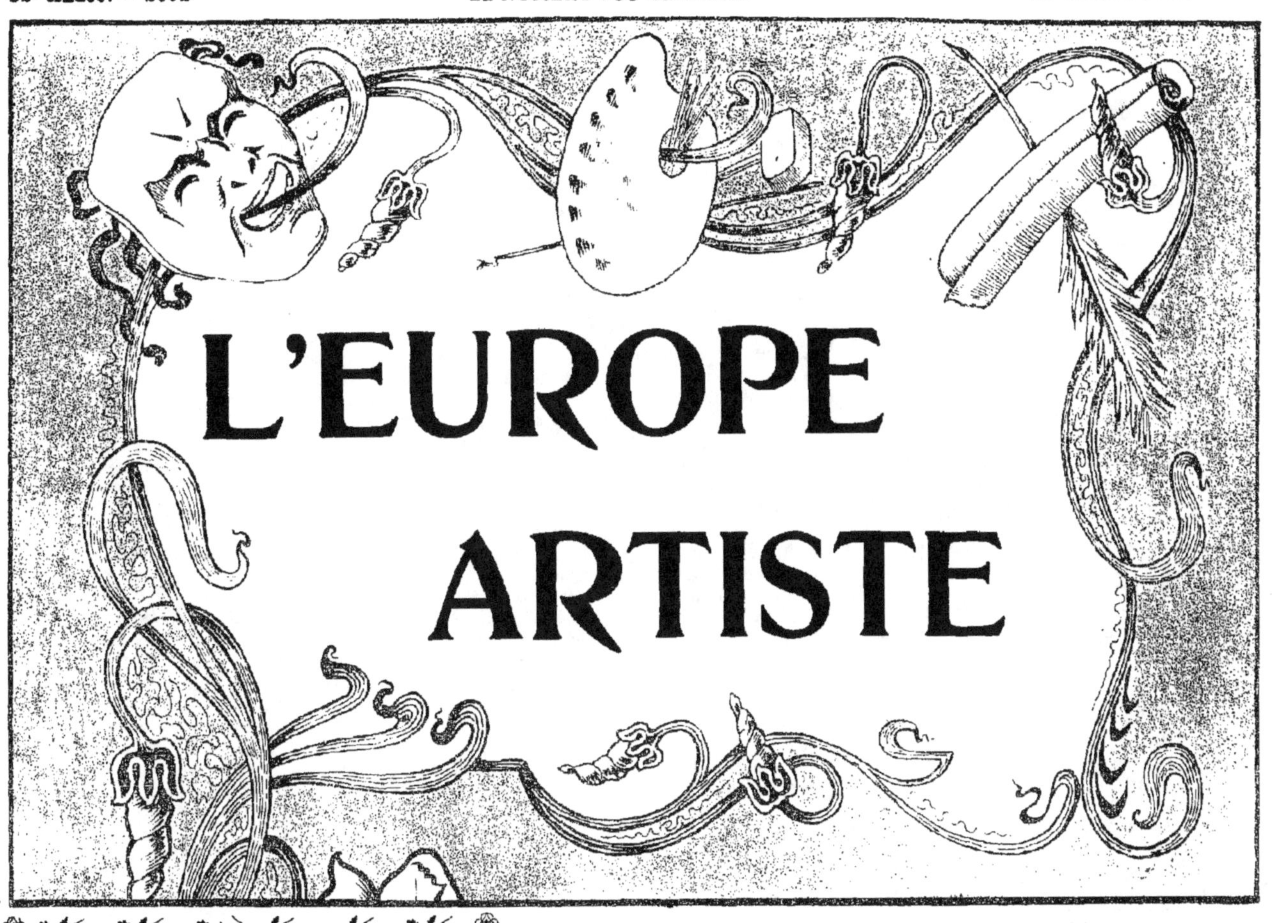

Journal Illustré, Artistique, Littéraire & Théâtral

SOMMAIRE

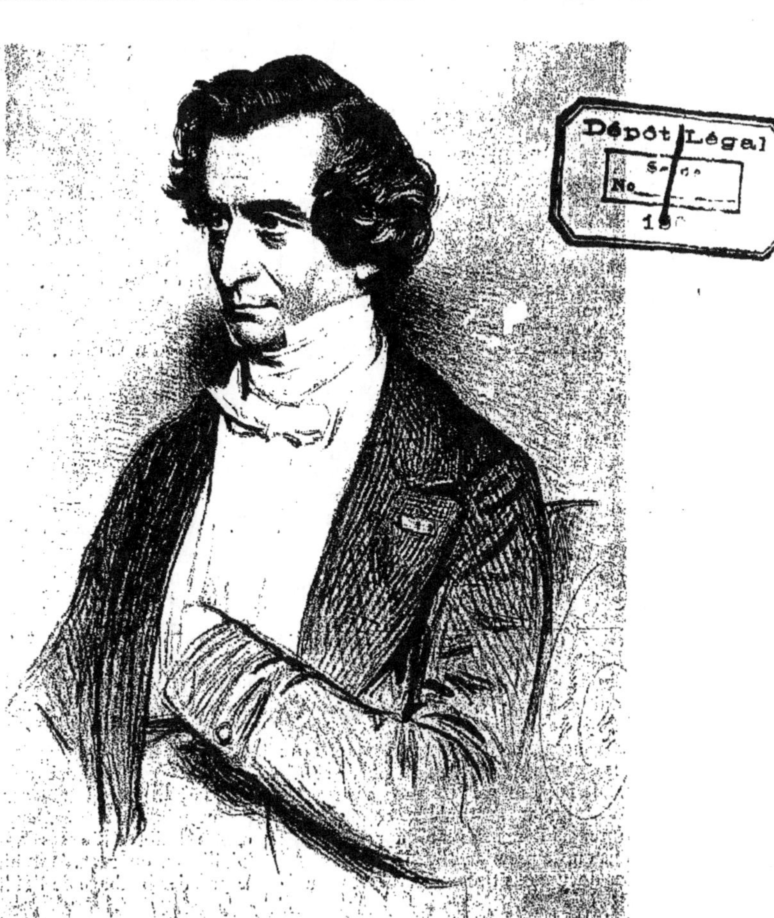

HECTOR BERLIOZ (1851)

ABONNEMENTS :
Un an

France.................. **6** Fr.
Etranger .... **10** —
Paraît 2 fois par mois, le 10 et le 25

ADMINISTRATION ET RÉDACTION
5, Passage Violet (*29, rue d'Hauteville*). Paris (X^e)

Directeur : **JEAN-PASCAL**
Rédacteur en Chef : **TRISTAN LECLÈRE**

ANNONCES :

La ligne.................. **2** Fr.
Réclames. . . . . **3** —

Les annonces sont reçues au bureau du journal

UN MANUSCRIT INÉDIT
DE BERLIOZ

Voilà, certes, un titre à succès ! Que les admirateurs du Maître, néanmoins, modèrent un enthousiasme qui voudrait être débordant, car je craindrais qu'à la suite, regrettant un excès dû à leur imagination trop prompte, ils ne veuillent plus avoir que dédain pour l'œuvre révélée, et méchants épigrammes pour l'auteur du présent article, qu'ils ne manqueraient pas d'accuser de mystification.

Ces lignes préliminaires ayant conjuré le péril d'une vedette trop pompeuse, quoique justifiée, il me devient très agréable d'expliquer comment a été récemment trouvé un « *Recueil de Romances avec accompagnements de guitare* » qu'il y a beaucoup de raisons de considérer comme un manuscrit autographe de Berlioz.

Car il ne s'agit que de *romances* et nullement, hélas ! de la découverte d'une nouvelle symphonie, ou d'une seconde messe des morts, ou d'un opéra inconnu que Berlioz eût été fort capable d'écrire.

Encore s'agit-il moins de romances, que d'*accompagnements de guitare*.. Et comme il se pourra que même réduite au minuscule emploi d'un « gratteur de jambon » l'orchestration première de celui qui se plut ensuite aux masses instrumentales soit discutée, profondément respectueux de l'opinion future de MM. les musicographes, je me bornerai à dire qu'il s'agit seulement d'un *certain nombre de pages de musique* que l'on peut croire avoir été proprement écrites par Hector Berlioz, dans sa jeunesse.

Notez que je dis : « qui paraissent avoir été écrites par Berlioz », car d'être, en cela même, affirmatif au point d'aller braver les foudres de MM. les experts en écriture, serait téméraire après ce qu'on sait d'eux...

Étant ainsi posé que notre découverte n'est pas pour bouleverser le monde musical, voici l'origine, l'histoire — la légende si l'on veut, — et la description du manuscrit, que malgré toute notre prudence, nous nous permettons de qualifier de précieux.

La petite ville de La Côte-Saint-André, en Dauphiné, qui a l'honneur d'avoir donné le jour à Berlioz, ayant résolu de célébrer solennellement le centenaire de celui qu'elle considère moins comme le plus grand compositeur français du xixe siècle, que comme un fils bien-aimé dont la gloire dore un peu son humilité, un comité local avait mis comme base au programme des fêtes : l'inauguration d'un musée de souvenirs dans la maison natale du Maître.

Afin de susciter un peu d'enthousiasme, ce qui a été facile dans une petite ville qui n'est pas gâtée par le nombre de ses grands hommes, le Comité organisa un concert et me chargea, en qualité de secrétaire, de faire une conférence sur Berlioz et d'expliquer au public comment je comprenais l'organisation du musée dont j'avais eu, le premier, l'idée.

Les documents tirés des archives municipales, que je mis à jour, l'appel lancé dans une population qui a encore bien vivant le souvenir de Berlioz et de sa famille, eurent un véritable succès. Dès le lendemain, des souvenirs intéressants parvenaient au Comité, les uns en don définitif, les autres en dépôt provisoire.

C'est ainsi que M. C... apporta le manuscrit des romances avec trois autres carnets de musique, une flûte et divers documents.

« Voilà des choses qui viennent de mon beau-père, nous dit-il. Il les tenait lui-même de Berlioz. Nous avions perdu de vue ce recueil de romances depuis vingt ans. Après avoir bouleversé la maison, ma femme l'a retrouvé, bien enveloppé et bien ficelé, sur le haut d'une armoire. Mon beau-père m'a raconté vingt fois comment celui qu'il nommait avec une respectueuse admiration : « Monsieur Hector », le lui avait remis, avec cette flûte — la sienne, — cette méthode de Devienne et ces autres cahiers de musique, au moment de son départ pour Paris : « Cependant, avait dit Berlioz, comme je considère que cela ne vaut guère et que par la suite je ferai mieux, je ne veux pas que mon nom figure là-dessus », et il l'avait gratté sur la couverture ».

La personne qui nous donnait ces détails était un vieux musicien Côtois, ayant longtemps soufflé dans une clarinette et dans un trombone à coulisse (« le roi des instruments », disait-il, en rappelant la parole du Maître), dirigé même un peu l'harmonie municipale et fort au courant des vieilles histoires du pays. Je n'ignorais pas que son beau-père avait connu Berlioz, plus jeune que lui de trois ans, et qu'il avait été l'un des musiciens de la Garde Nationale, qui prirent des leçons avec Imbert et Dorant, les premiers professeurs de Berlioz, vers 1820. J'avais trouvé, aux archives municipales, une curieuse pétition de la main de ce musicien.

Mais la rature était inquiétante... Une belle signature fait bien pour authentiquer un manuscrit. M. Rocher, le dévoué vice-président du Comité, et moi, nous nous regardions en augures. Le scepticisme souriait sur nos lèvres... La tiare !... la fameuse tiare !... « Voyons ».

La première impression fut, selon une expression chère à Berlioz : *foudroyante !* « Oh !... » Et de me précipiter sur le beau livre d'Adolphe Jullien, qui donne un autographe de jeunesse. « Mais ça y est ! ». Le doute n'est pas possible... C'est l'écriture même de la lettre à Pleyel... Voilà les s ; voilà les majuscules si caractéristiques. Du manuscrit à la lettre à Pleyel quelques-unes seraient superposables ! Cet H, qu'il partageait un peu avec Hugo, c'est celui de sa signature. A lui aussi :

« Les tours de Notre-Dame étaient l'H de son nom. »

Et là-bas, c'est le B par lequel il commençait Berlioz ainsi que Beethoven... Alors qu'importe la rature ? Et même c'est un certificat de plus, ce dédain d'une œuvre indigne de ses vastes projets... D'ailleurs, en regardant bien, on devine le premier jambage de l'H !...

Ah ! vraiment, voilà une fameuse pièce pour notre musée naissant. Elles ne seraient donc pas brûlées, ces naïves romances de la jeunesse du Maître ? Et dire que je m'imaginais que ce seraient plutôt les quintettes ou le sextuor qu'on retrouveraient en copie dans la poussière remuée des vieux galetas côtois. La tradition ne rapporte-t-elle pas qu'on les exécuta , non sans succès, devant un nombreux auditoire, à l'insu des parents, d'où grande colère ?

Cependant je considère le précieux album. Il ne paye pas de mine... Je veux dire : il est superbe de vétusté. De la dimension même de l'*Europe Artiste* (exactement 36 c/m sur 24 c/m 1/2), deux cartons grisâtres formant couverture, rongé aux angles, mal ficelé au dos, avec à peine un bout de parchemin faisant reliure sur le quart de sa longueur, les pages jaunies, gondolant sur les bords, mais solide, en somme, et merveilleusement lisible... Au plat du premier carton, on lit deux fois ce titre :

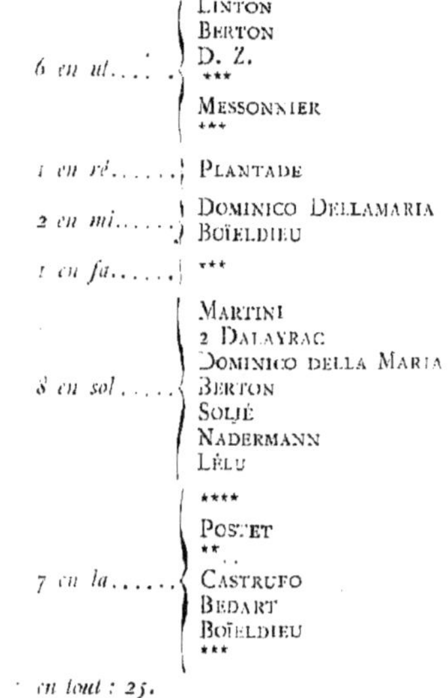

RECUEIL DE ROMANCES
AVEC ACCOMPAGNEMENTS DE GUITTARRE
PAR M. H... (gratté deux fois).

et au-dessous, cette liste faisant table des matières :

6 en ut..........	Linton Berton D. Z. *** Messonnier ***
1 en ré........	Plantade
2 en mi........	Dominico Dellamaria Boïeldieu
1 en fa........	***
8 en sol......	Martini 2 Dalayrac Dominico della Maria Berton Solié Nadermann Lélu
7 en la......	**** Pos'et ** Castrufo Bedart Boïeldieu ***

en tout : 25.

Cette liste de noms d'auteurs m'enlève un peu d'enthousiasme.

Ce n'est donc pas lui qui a composé les romances ?

L'accompagnement de « guittarre » est donc seul de M. H...

J'entr'ouvre mélancoliquement le manuscrit. Il a été cousu de telle sorte que la première page est à la fin et que la romance n° 3 se présente d'abord, les n°s 1 et 2 occupant le recto et le verso de la dernière page. En tout le cahier compte 11 feuilles, soit 22 pages de musique de 15 portées, entièrement écrites. Je les parcours attentivement. Les notes sont grosses, rondes, bien dessinées, très lisibles sur la portée.

L'écriture est soignée. Par endroit quelques corrections au grattoir indiquent l'application. Le copiste a visiblement voulu éviter toute cause d'erreur. Et l'on songe que c'est ainsi que présenterait son manuscrit un jeune auteur ambitionnant une première impression : « Monsieur, ayant le « projet de faire graver plusieurs œuvres « de musique de ma composition, je me « suis adressé à vous, espérant que vous « pourriez remplir mon but.... »

(Texte des lettres à Pleyel et à Janet et Cotelle).

Le jeune Hector avait-il en vue l'édition des romances, en demandant ainsi à seize ans à peine, de graver « plusieurs œuvres de sa composition » ? Peut-être étaient-elles déjà composées ? Elles l'étaient vraisemblablement, puisque Berlioz ajoute : « Suivant le temps que vous mettrez à « graver cette œuvre, je puis vous envoyer « *des romances avec accompagnement de* « *piano et divers autres.* »

Mais l'accompagnement de guitare est postérieur et par suite le manuscrit.

C'est Dorant qui fut le professeur de guitare et la convention que j'ai exhumée prouve que Dorant ne se fixa à la Côte qu'en juillet 1819, alors que la lettre à Pleyel est du 6 avril, celle aux éditeurs Janet et Cotelle du 25 mars 1819. Dorant donnait des leçons de guitare à la sœur aînée de Berlioz, Nancy, qui, née en 1806, avait alors 13 ans. « J'assistais à ses leçons; « j'en voulus prendre moi-même, jusqu'à « ce que Dorant, en artiste honnête et « original, vint dire brusquement à mon « père : « — Monsieur, il m'est impossible « de continuer mes leçons de guitare à « votre fils ! »; « — Pourquoi donc ? vous « aurait-il manqué de quelque manière, « ou se montre-t-il paresseux au point de « vous faire désespérer de lui ? »; « — Rien « de tout cela ; mais ce serait ridicule, il « est aussi fort que moi. » (Mémoires, Ch. iv, p. 16). Et cela nous permet de supposer avec vraisemblance que le manuscrit fut écrit vers 1820.

Cette allure décidée, cette forme précise, dans les caractères ne sont plus d'un enfant et la fantaisie des majuscules ne semble pas d'un homme... Quant au texte des romances, un jeune homme seul a pu s'en enivrer. L'amour y flambe à chaque page et, de la sympathie à l'adoration, en passant par l'amitié et l'enthousiasme, toute la lyre y est... en style 1820.

Parcourons-les ensemble.

D'abord une vague « marseillaise » amoureuse sur des paroles de Florian :

« La trompette appelle aux alarmes,
« Ses sons excitent la valeur,
« Jeunesse, amour, c'est de nos armes
« Que dépendra notre bonheur.

Puis une seconde romance de Florian :

« Vous qui, loin d'une amante,
« Comptez chaque moment,
« Vous qui, d'une inconstante,
« Pleurez le changement.

Et encore une troisième romance de Florian, la complainte bien connue des malheurs de Lautrec et d'Isaure, avec onze couplets :

« A Toulouse, il fut une belle,
« Clémence Isaure était son nom,
« Le beau Lautrec brûla pour elle
« Et de sa foi reçut le don.

Décidément tout « *Estelle et Némorin* » y va passer. Il était donc bien réel ce fameux amour de Meylan ! Ah, Berlioz ! il faudra qu'ils fassent amende honorable ceux qui ont parlé de cabotinage à la lecture des lettres, récemment publiées sous le titre : « *Une page d'amour romantique* », que tu écrivis, sur la fin de ta vie, à l'hamadryade de ta jeunesse devenue une bonne vieille grand'mère.

Ne serait-ce que pour cette preuve de la véracité des Mémoires qu'il est déjà précieux, ce manuscrit.

Mais, si pour la première romance, Linton est indiqué comme auteur de la musique, et si la deuxième est de Martini, que signifient les trois étoiles de la troisième : « Musique de M. *** » ? Hum ! Ce M. Trois-Etoiles serait-il Berlioz lui-même ? Voilà un fameux point d'interrogation qui vous résonne dans la poitrine. Sus, sus, aux sincères Mémoires :

« Les essais de composition de mon « adolescence portaient l'empreinte d'une « mélancolie profonde. Presque toutes « mes mélodies étaient dans le mode mi- « neur. Je sentais le défaut sans pouvoir « l'éviter. Un crêpe noir couvrait mes « pensées ; mon romanesque amour de « Meylan les y avait enfermées. Dans cet « état de mon âme, lisant sans cesse l'Es- « telle de Florian, il était probable que je « finirais par mettre en musique quelques- « unes des nombreuses romances conte- « nues dans cette pastorale, dont la fadeur « alors me paraissait douce. Je n'y man- « quai pas. »

Oh ! oh !

« J'en écrivis une entre autres, sur des « paroles qui exprimaient mon désespoir « de quitter les bois et les lieux « honorés « par les pas, éclairés par les yeux, et les « petits brodequins roses », de ma beauté « cruelle. Cette pâle poésie me revient « aujourd'hui avec un rayon de soleil « printanier, à Londres, où je suis en proie « à de graves préoccupations, à une in- « quiétude mortelle, à une colère concen- « trée de trouver encore là, comme ailleurs, « tant d'obstacles ridicules... En voici la « première strophe :

« Je vais donc quitter pour jamais
« Mon doux pays, ma douce amie ;
« Loin d'eux je vais traîner ma vie,
« Dans les pleurs et dans les regrets !
« Fleuve dont j'ai vu l'eau limpide,
« Pour réfléchir ses doux attraits,
« Suspendre sa course rapide,
« Je vais vous quitter pour jamais. »

Vous devinez la fièvre avec laquelle les vingt-cinq romances défilent sous mes yeux et combien de fois mes doigts anxieux ramènent la même page.

Je lis : n° 4. — Air de *Philippe et Georgette*, musique de « d'Aleyrac », paroles de *** :

« Oh ! ma Georgette,
« Toi seule embellis ce séjour...

N° 5. — *Fleuve du Tage*, musique de Pollet :

« Fleuve du Tage
« Je fuis tes bords heureux,
« A ton rivage,
« J'adresse mes adieux...

N° 6. — Ah ! voici une nouvelle romance de Florian avec musique de *** :

« Amour on doit bénir tes chaînes,
« Si deux amants ont à souffrir,
« Ils n'ont que la moitié des peines...

Peut-être est-ce encore de la musique de Berlioz ? Mais ce ne sont pas les paroles signalées aux Mémoires, et ce n'est pas non plus, l'air du début de la « Fantastique » où Berlioz nous dit avoir utilisé cette œuvre de jeunesse.

« Quant à la mélodie de cette romance, « brûlée comme le sextuor, comme les « quintettes, avant mon départ pour Paris, « elle se représenta humblement à ma « pensée, lorsque j'entrepris, en 1829, « d'écrire ma *Symphonie fantastique*. Elle « me semble convenir à l'expression de « cette tristesse accablante d'un jeune « cœur qu'un amour sans espoir commence « à torturer, et je l'accueillis. C'est la mé- « lodie que chantent les premiers violons « au début du largo de la première partie « de cet ouvrage, intitulé : *Rêveries, pas-* « *sions* ; je n'y ai rien changé. » (Mémoires, ch. iv, p. 18).

Continuons de feuilleter le cahier.

N° 7. — *Romance de l'Opéra de Félicie*, musique de Castrufo :

« La simpathie (*sic*) est le lien des âmes. »

N° 8. — *Romance de Gulnare ou l'Esclave persane*, musique de d'Aleyrac :

« Rien, tendre amour, ne résiste à tes armes...

N° 9. — *Romance de ****, sur la musique de Bédart :

« Fais mon bonheur, tranquille indifférence,
« Berce mes nuits, endors mes heureux jours,
« Sœur de la paix, fille de l'innocence
« Tes plaisirs purs valent bien les amours...

Voilà une indifférence qui semble mal résignée, et cette poésie aurait pu être couvée par notre fiévreux adolescent.

N° 10. — *Romance de l'opéra du Chaperon Rouge*, musique de Boieldieu... un des futurs juges de Berlioz pour le prix de Rome, un de ceux qui le regardaient avec pitié ou épouvante et ne le comprirent jamais :

« Le noble éclat du diadème
« Ici n'a point réduit mon cœur...

N° 11. — *Romance de l'Opéra-Comique*, musique de Dominico Dellamaria, sur ces paroles de M. de Ségur :

« Ah ! pour l'amour le plus discret,
« Un sentiment profond et tendre...

Le n° 12, *du Même* :

« Que d'établissements nouveaux...

Mais voici au n° 13, tout à la fois les paroles et la musique qui paraissent être de M. ***. Lisons ces trois couplets :

« Objet charmant, toi que mon cœur adore,
« Ton souvenir me poursuit en tous lieux,
« La nuit, le jour, au lever de l'aurore, ⎫ bis
« C'est toujours toi que j'ai devant les yeux. ⎭

« Je me croyais insensible et volage,
« Jamais l'amour n'avait fixé mon cœur.
« J'ai vue Thémire au printemps de son âge, ⎫ bis
« Et pour jamais j'ai vu fuir mon bonheur. ⎭

« Pourquoi faut-il qu'une cruelle chaîne,
« M'ôte à jamais tout espoir de bonheur,
« Je ne vois point de remède à ma peine ⎫ bis
« Et je ne puis l'arracher de mon cœur. ⎭

Lire dans le prochain numéro : Les Théâtres, par Jean-Pascal. — Les Grands Concerts, par Henri Quittard. — Une Nouvelle, par Louis Codet, etc.

Avouez qu'après le mariage d'Estelle, Berlioz, par tout ce que nous savons, devait être tellement dans les sentiments exprimés par ces vers... qu'on est tenté de lui attribuer la triste mélodie qui les pleure.

A-t-il composé aussi les vers médiocres de la mélodie nº 14, intitulée : *Romance de Plantade*, paroles de *** :

« Bocage que l'aurore
« Embellit de ses pleurs,
« Gazon naissant que Flore
« Pare de mille fleurs,
« Oiseaux, tendre zéphire,
« Qui charmez mes loisirs,
« Pourriez-vous bien me dire
« D'où viennent mes soupirs ?...

Faut-il le regarder encore comme l'auteur de cette triste mélodie en *fa* de la *Romance* nº 15 ?

« Depuis une heure, je l'attends
« Conçoit-il mon impatience ?
« A-t-il compté tous les instants,
« Qui s'écoulent en son absence...

Les nºˢ 16 et 17 ont pour titre : *Couplets de l'Opéra de la Romance*, musique de H. Berton, paroles de Laveaux jeune :

« Mon cœur s'ouvrait au sentiment,
« De ses vers, j'admirais la grâce...

Et :

« Du tendre amour je chérissais l'empire,
» Près d'un amant, j'espérais le bonheur...

Le nº 18 est un air du *Petit Jokei*, musique de Solié :

« Il faut quitter ce que j'adore
« Adieu, plaisir, adieu bonheur...

Le nº 19 : une romance de l'opéra de *Blaise et Balect* :

« Lise chantait dans la prairie
« En faisant paître son troupeau...

Le nº 20 est de *Naderman* :

« Je pense à vous quand de la douce aurore
« Premiers rayons annoncent le retour...

Et le nº 21 est encore une Romance sans nom de musicien, qui n'a que ce singulier couplet dont la paysannerie est assez du ton des opéras-comiques du xviiiᵉ siècle :

« Faut l'oublier, disait Colette,
« Le perfide a trahi sa foi
« Il jurait de n'aimer que moi,
« Il me préfère une coquette.
« Adieu, vains et cruels serments
« Qui m'assuraient de sa constance,
« Adieu amour, heureux moments,
« Adieu, tant douce souvenance,
« Faut l'oublier, faut l'oublier,
« Adieu, tant douce souvenance,
« Faut l'oublier, faut l'oublier !

Le nº 22 a pour titre : *Romance favorite de Henri IV*, mise en musique par Lélu :

« Viens, Aurore,
« Je t'implore,
« Je suis gai quand je te vois,
« La bergère,
« Qui m'es chère,
« Est vermeille comme toi.

Le nº 23 est une seconde *Romance de Boïeldieu* :

« Du rivage de Vaucluse,
« L'amant de Laure, en ces mots,
« En s'éloignant de sa muse,
« Fit retentir les échos...

Le nº 24 porte : *Le sentiment d'amour*, romance de Messonnier :

« N'avoir sans y songer,
« Qu'une seule pensée,
« Avoir l'âme oppressée
« Au bruit le plus léger,
« S'occuper tout le jour
« De crainte et d'espérance,
« C'est ainsi que commence
« Un sentiment d'amour.

Enfin la dernière romance, nº 25, parce qu'elle porte ce titre : *Minvane au tombeau de Ryno*, paroles de Chénier, musique de ***, peut encore être attribuée à notre jeune compositeur.

Voici les trois strophes de cette romance :

« En vain la mort a fermé ta paupière,
« O mon héros ! je marcherai sans bruit,
« Pour me glisser en ta couche dernière,
« Dans le silence et l'ombre de la nuit.

« Vous qui m'aimez, vous, mes chères compagnes,
« Vous me cherchez, vous ne me trouvez pas,
« Je crois vous voir, en nos belles campagnes,
« Suivre en chantant la trace de nos pas.

« Vos chants si doux plaisaient à mon oreille,
« Loin de Ryno, vous charmiez mon ennui,
« Ne chantez plus, mon cher Ryno sommeille,
« Ce qu'il aima sommeille auprès de lui.

Ces vers sont-ils d'André Chénier, comme paraît le croire Berlioz — car c'est bien lui, n'est-ce pas ?

Le copiste du manuscrit, qui a écrit en marge cette annotation, la seule du recueil : « L'auteur de ces paroles était un jeune « homme qui a été victime de la Révolu- « tion Française. Ce malheureux, en mon- « tant sur l'échafaud, ne put s'empêcher « de dire, en se frappant sur le front : « « Mourir ! d'avoir quelque chose là. » « C'était la Muse qui lui révélait son « talent au moment de sa mort ».

De l'enthousiasme pour André Chénier !

Ce serait une raison nouvelle de dater le manuscrit de 1820, la résurrection littéraire du plus grand poète de la Révolution ne datant guère que de l'édition de ses œuvres publiée par M. de Latouche, en 1819.

Cependant il me faut constater mélancoliquement que la fameuse romance notée aux Mémoires et qui devient l'âme de la *Fantastique*, ne figure pas au recueil. Est-il du moins d'autres airs qu'on puisse attribuer au futur auteur de tant de chefs-d'œuvres ?

Il en est six qui sont de ***. Sont-ils de *Lui* ? C'est le gros point d'interrogation du manuscrit.

Je n'aurai pas la prétention d'y répondre...

La tristesse amoureuse qui domine, un certain charme mélodique, ces paroles tirées de l'Estelle de Florian, me semblent bien ranger quelques-unes de ces romances, dans le ton de celles que Berlioz nous dit avoir composées dans sa jeunesse côtoise. Mais il serait imprudent de donner une opinion peu qualifiée, et, personnellement, je m'abstiens. Au surplus, M. Tiersot, qui a vu le manuscrit chez moi, ne croit pas, ne veut pas croire que Berlioz soit l'auteur de cette musique. M. de Massougnes, qui n'a vu qu'une ou deux photographies de romances, hésite. J'ignore ce qu'en pense M. Ch. Malherbe, mais M. Weingartner, qui dirige avec lui la grande édition allemande des œuvres du « génial Français » et à qui j'ai mis le manuscrit en main, lors de son voyage nocturne à la Côte-Saint-André où il crut réaliser la « course à l'abîme » en automo- bile, Weingartner, à certaines tournures mélodiques semblait retrouver son maître préféré. Et, non moins compétent, M. Edouard Colonne m'écrivait : « Je crois « comme vous que les romances dont vous « m'envoyez les photographies et qui ne « portent point de nom d'auteur sont bien « de Berlioz quoiqu'elles soient très incor- « rectes. Berlioz les a écrites d'instinct « avant de connaître les principes de l'har- « monie. »

Quant à douter que les accompagnements de guitare ne soient à la fois de sa main et de son invention — comme je deviens affirmatif — je ne le puis vraiment, malgré mon respect pour les doctes musiciens, puisque c'est écrit en tête du recueil, et par *Lui*, deux fois !

Les autres cahiers de musique, datant de la même époque, que le musée a pu recueillir, sont loin d'avoir l'intérêt du manuscrit autographe. On y trouve notés des airs divers : *Quand le bien-aimé reviendra*..., des morceaux d'opéras en vogue : *Devin du Village, Azémia*, la *Rosière*..., des valses nombreuses, des pas redoublés, le *Ça ira*, des contre-danses, des romances sans paroles, etc. Le nom d'Hector Berlioz, écrit d'une main inconnue, figure comme auteur d'un accompagnement de guitare de : *Fleuve du Tage*, différent de celui du manuscrit autographe. Deux des morceaux de ce manuscrit s'y retrouvent (les romances 1 et 6), sans accompagnement et dans d'autres tons.

Plusieurs de ces cahiers révèlent l'inexpérience du copiste et semblent des cahiers d'écoliers. Tous ont un air de famille, dû à la collaboration d'un même maître. Presque tous, en effet, portent en quelque page le nom de *Dorant* et quelques-uns sont en entier de sa main. Un tout petit carnet a ce titre : « *Trente-deux Walses ou Allemandes, par F. Dorant, maître de musique à La Côte* ». Il contient, outre les trente-deux valses annoncées, 19 « autres valses pour le violon » et 12 « Landler ou danses du pays ».

J'ai déjà signalé (*Vie Musicale* du 28 mai 1903) cette influence prépondérante de Dorant sur le développement de la musique au pays de Berlioz. L'intimité dut être grande entre cet alsacien de Colmar et le grand garçon de seize à dix-sept ans qui fut sans doute son élève préféré. Ils étaient jeunes tous deux et tous deux nourrissaient, avec la passion de la musique, d'autres sentiments tendres. On connaît les peines de cœur de Berlioz adolescent. Un curieux brouillon de lettre, écrite à la dernière page d'un cahier de *Valses pour cors primo et secondo*, nous ouvre des horizons sur les peines de Dorant, et aussi sur son orthographe :

« ... Dans le fait, ma lettre était courte, « vous devez me pardonner. Ne sachant « pas correctement l'orthographe française, « c'est pourquoi je n'ose les prollonger. « Pourvu que les sentiments règnes. C'est « à tout cœur chez moi. D'ailleurs je sais « le droit à l'estime. Cependant selon les « aparances et empêchements de madame « votre mère qui vous défend de revenir « à La Côte, et moi qui doit passer loin de « la maison, il est pénible de s'aimer sans « se voir. nous n'avons qu'un moyen de « choisir un endroit désignatif pour ren- « dre plus agréable nos amitiés... »

Pauvre Dorant ! Lui aussi était tenu éloigné de son Estelle !

Après avoir symbolisé la pureté de ses rêves en un dessin très appliqué représentant la façade d'une « maison de dix milles francs », il conclut mélancoliquement sa lettre (18 février 1821) par ce post-scriptum : « Si je n'étais pas enrumé aujourd'hui, ma promenade aurait eté dirigé de vos cottés ».

Feux et tonnerre ! il n'avait pas la flamme de Berlioz !

*
* *

Quelques admirateurs du Maitre ne manqueront pas d'observer que le « Recueil de romances avec accompagnements de guitare » eût-il été composé par Berlioz adolescent, il n'y aurait pas lieu de le tirer de l'ombre où son auteur a *voulu* le laisser.

Nous savons que Berlioz a toujours protesté contre les louanges prodiguées par les biographes à la merveilleuse jeunesse de leurs héros. Dans son esquisse sur Spontini, il a écrit ces lignes sévères :

« On n'ignore pas ce que sont en réa-
« lité les *chefs-d'œuvre* des enfants prodi-
« ges et de quel intérêt il eût été, pour la
« gloire de ceux qui sont ensuite devenus
« des hommes, que l'on détruisit dès leur
« apparition les ébauches ridicules de leur
« enfance tant prônée ». (*Soirées de l'Orchestre*, page 170).

Mais n'a-t-il pas de même cité avec admiration le sentiment musical dont Napoléon fit preuve un jour que son orchestre lui présentait un air d'un auteur quelconque comme un morceau de la jeunesse de Païesiello : « Messieurs, dit l'Empereur, les coups d'essai d'un grand maitre sont toujours empreints de génie, et jamais au-dessous de la médiocrité ». (*Soirées*, page 225).

A ceux qui aiment étudier la croissance des génies, le manuscrit des romances méritait d'être signalé.

JEAN CELLE,
Archiviste du Musée Berlioz.

TRISTAN ET ISOLDE

La torche qui brûlait s'est éteinte. Éperdus,
Dans un élan sublime et brusque et qui défaille,
Ils courent l'un à l'autre et comme un flot tressaille,
Leurs lèvres et leurs doigts frémissent, confondus.

L'ineffable et cruel philtre les a mordus,
Éblouissant leur rêve, il les grise et les raille ;
Cédant à l'extatique amour qui les tenaille
La Reine et le Héros en eux semblent perdus !..

Tristan ! Isolde ! Cris, mots enfiévrés, murmures,
Râles de volupté ! La nuit dans les ramures
De son souffle embrasé les enlace et les tord.

La forêt retentit des appels de Brangaine.
En vain l'aube apparait, livide, vers la plaine :
Les Amants radieux s'engouffrent dans la Mort !

ALFRED DE BENGOECHA.

PENSÉES D'ARTISTE

Je crois ceci : Le don de sentir conduit à la facilité d'exprimer toujours.

*
* *

On a toujours la main de son œil.

*
* *

Ce qui me prend fortement, c'est l'œuvre où l'artiste me mène plus loin que là où il parait s'arrêter.

*
* *

Je cherche un autre moi-même, un artiste qui me ressemble en beau.

*
* *

Vérités belles : L' art parure de l'idée.

*
* *

En art, il n'y a pas de malheureux, il n'y a que des maladroits.

*
* *

L'art bourgeois, pot-au-feu mal écumé.

*
* *

Ah ! la laideur durable du marbre.

*
* *

Le beau modèle, le modèle qui bouge.

*
* *

« Il y a le nu ». Il y a le nu aussi.

*
* *

L'art officiel est un art particulier. Il a cela de particulier que ce n'est pas de l'art.

*
* *

Il n'y a pas d'artiste varié ; un artiste est une fleur et non un bouquet.

*
* *

Les maitres vont de la certitude au doute.

*
* *

Ce sculpteur qui ne fait pas son marbre ; ce sculpteur qui ne fait pas sa terre.

*
* *

La beauté est la qualité supérieure de l'homme. Donner un coup de couteau est disgracieux ; fuir, c'est avoir la tête basse et le ventre rampant ; la colère creuse des rides ; l'envie jaunit la face ; autant d'atteintes à la beauté. Être beau, c'est être bon ; s'efforcer de s'embellir, c'est tendre à se rendre meilleur ; une infirmité c'est un vice apparent. La beauté se compose de tous les dons. Les beaux yeux révèlent l'esprit ; la voix douce, un cœur tendre ; et une tête haute, la fierté !

*
* *

L'homme pur est un phénomène curieux.

*
* *

On n'achète pas un honnête homme, on le gagne.

*
* *

De nos beaux sujets de livres, faisons de jolis chapitres...

JEAN DOLENT

ŒUVRES DE JEAN DOLENT. — *Une Volée de Merles.* — *Le Roman de la Chair.* — *Avant le Déluge.* — *L'Insomnis* (roman). — *Le petit Manuel d'Art,* à l'usage des ignorants. — *Le Livre d'Art des Femmes.* — *Amoureux d'Art.* — *Monstres.* — *Maitre de sa joie.* — (*éditions Lemerre*).

LES

Aquarelles de Paul Signac

Les aquarelles de Paul Signac ne sont guère que des notes. Mais ces notes, dans leur facture vive, ont une fraicheur et une saveur imprévues. Le blanc du papier y joue au milieu de touches pures de jaune, de bleu, de rose, posées franchement d'un pinceau habile sur une indication rapide à la mine de plomb. Devant la séduction de ces couleurs chantantes, on a évoqué le nom de Jongkindt ; mais tandis que le grand hollandais reste épris d'une réalité plus coutumière, P. Signac saisit au contraire le charme passager d'un effet de lumière parmi les choses ; tous deux sont sincères ; seulement le premier est prosateur, le second poète ; le premier succède aux réalistes de 1830, le second aux impressionnistes d'hier. Il faut retenir parmi ces fines notations les *Tonneaux à Saint-Tropez*, le *Halage descendant*, le *Pont de Monikendam*, dont Théo van Rysselberghe le camarade d'art de Signac, fit une solide eau-forte.

Parfois aussi, de même qu'il laisse jouer le blanc du papier, Signac ne craint pas d'employer le noir pour affirmer le dessin du paysage et des arbres et il donne ainsi une aquarelle de *Pin et Cyprès* qui est une ravissante merveille. De ces notes, l'artiste use pour ses tableaux. Il a su en assouplir le métier volontairement aride du début, et par la science des dégradés enlever à la petite touche du pointillisme ce qu'elle pouvait avoir d'un peu fatigant. Sans doute il fait le sacrifice de la qualité de la matière, mais il sait garder le sens des valeurs ; et si cette manière, malgré quelques exemples de Rysselberghe, convient moins aux personnages, elle s'adapte très bien aux paysages : elle exprime parfaitement le tremblement de l'air, la limpidité et les reflets de l'eau, le frisson des feuillages. C'est donc à ces motifs que s'arrête de préférence le peintre. L'un d'eux, le *Navire au carénage*, ce bateau incliné dont la coque sombre, bleue et verte, se réfléchit dans l'eau, est une des toiles qui assurent à Paul Signac l'admiration de tous ceux qui sont sensibles à la beauté de couleurs harmonisées par un artiste désormais sûr de lui-même.

TRISTAN LECLÈRE

LES CHEFS-D'ŒUVRE DU CHANT

On vient de donner une nouvelle édition française des chefs-d'œuvre du chant (*). Elle comprend des albums d'Hændel, Mozart, Mendelsshon, Schumann, Schubert, et Chopin. Les plus délicieuses des mélodies de Mozart figurent dans le recueil qui lui est consacré : « l'Espérance », la « Belle Arlette » et l'amusante « Vieille ». Le duetto de la « Flûte enchantée » : « Écoute un jour parler ton âme » si fin, et le trio-bouffe : « Monsieur Court peut-il me dire ce que c'est que l'amour », terminent l'ouvrage. Ce sont là choses qui devaient être chères à Offenbach et qu'il a du souvent relire.

On a fait choix dans l'œuvre nombreuse de Mendelssohn de trente mélodies qui caractérisent bien son inspiration facile. Les « Chansons aimées », le « Madrigal », la « Libellule » en sont des exemples charmants. Mais par dessus tout, la « Barcarolle vénitienne » avec son rythme berceur et ses harmonies choisies, retient longuement.

Il ne reste rien à dire, je pense, de Schubert, qui est, par excellence, compositeur de lieds, plus encore peut-être que Schumann et Brahms. Là, il faudrait tout citer, car tout est célèbre : la « Sérénade », la « Truite », « Marguerite au rouet », la « Jeune fille et la Mort » sont de pures merveilles. Quoi de plus prenant que la « Chanson de Mignon », que la « Jeune religieuse », quoi de plus impressionnant que l'admirable « Roi des Aulnes » ! La forme donnée par Schubert à ses mélodies est si définitive, que lorsque Gounod reprend les paroles de la romance du « Roi de

(*) J. Tallandier, éditeur.

Thulé» pour la mettre à nouveau en musique, il ne peut échapper à l'emprise du compositeur qui l'a précédé et subit manifestement son influence. Ce recueil des mélodies de Schubert est assurément l'un de ceux qui obtiendront le plus de succès.

GEORGES RICHARD

L'EXPOSITION

des

PRIMITIFS FRANÇAIS

C'est à l'heureuse initiative de M. Henri Bouchot, l'érudit conservateur du Département des Estampes à la Bibliothèque nationale, que nous devrons à l'Exposition des Primitifs français dont l'ouverture est annoncée pour le 1er avril prochain. Dès maintenant les organisateurs sont assurés des plus précieux concours. Les trésors des cathédrales et de nos musées provinciaux — si injustement méconnus jusqu'ici — seront mis à contribution ; ils collaboreront par l'envoi de leurs pièces les plus rares, à la splendeur de cette évocation artistique sans précédents.

En effet c'est un choix d'œuvres d'authenticité indiscutable qui sera présenté à l'attention des savants et des amateurs d'art. Par la révélation d'un ensemble important de peintures, émaux, vitraux, tapisseries et manuscrits créés de 1350 à 1589, nous pourrons définir la genèse de nos goûts actuels.

Une récente circulaire du Comité nous informe que l'Exposition sera divisée en deux parties principales, situées, l'une au Pavillon de Marsan, dans le palais des Tuileries ; l'autre, à la Bibliothèque Nationale, dans une salle nouvelle réédifiée par les soins de l'illustre architecte M. J.-L. Pascal.

Au Pavillon de Marsan prendront place les tableaux, dessins, tapisseries et émaux. Les Musées Nationaux : le Louvre, Cluny, Versailles enverront des œuvres de tout premier ordre, trop peu connues du public, certains musées de province, quelques trésors d'églises, les grandes collections particulières exposeront des chefs-d'œuvre qui offriront à l'étude des amateurs de précieux points de comparaisons.

Dans la nouvelle salle de la Bibliothèque nationale qui sera à elle seule une curieuse reconstitution, on exposera les manuscrits enluminés extraits pour la circonstance des plus riches cabinets de France et de l'étranger et de nos anciennes bibliothèques.

Toutes les pièces appelées à figurer dans cette Exposition seront choisies, autant que possible, parmi les merveilles qui furent exécutées pour les princes de la Maison de Valois, Philippe VI, Jean II, Charles V, Charles VI, Charles VII et Henri III. Ainsi qu'il a été dit au début de cet article, auront droit d'admission toutes les œuvres d'art d'origine indiscutable appartenant à la période comprise entre 1350 et 1589.

Les admirables livres composés et enluminés pour Charles V et ses frères, les ducs de Berry et d'Anjou, aideront à établir par la comparaison avec des tableaux et des tapisseries, de la même époque, que les sujets de ces dernières composition furent le plus souvent empruntés aux raffinés peintres-miniaturistes de l'Ile-de-France. Il nous sera donné de contempler le magnifique portrait du roi Jean, qui appartient à Charles V, le *Parement de Narbonne*, dessin au pinceau sur soie, représentant en des scènes singulièrement naïves le roi Charles V et la reine Jeanne de Bourbon, sa femme. Nous pourrons remarquer l'étonnante analogie qui apparente aux petites heures du duc de Berry, un tableau représentant une *Flagellation*. Les tapisseries exécutées par Bataille, d'après les dessins de Jean Bandol, des tableaux à fonds gaufrés qui appartiennent au début du xive siècle. Tout le prestigieux génie de Jean Fouquet nous sera révélé par des œuvres encore inconnues en France. Enfin nous pourrons apprécier comme il convient nos bons vieux petits maîtres, les Perréal, les Bourdichon, les François Colombe, les Nicolas Froment, Jean et François Clouet, ces colosses, Léonard Limosin, l'incomparable émailleur, etc., etc.

Réjouissons-nous de ces belles fêtes d'art. Et souhaitons leur complète réussite, puisqu'aussi bien le bénéfice de cette Exposition sera affecté à l'enrichissement de nos collections publiques.

JEAN-PASCAL

LES SECRÉTAIRES GÉNÉRAUX

des Théâtres

Mlle Marie LAPARCERIE

Mlle Laparcerie, la *cadette*, porte le même nom que sa grande sœur Cora, constatait l'autre jour M. de la Palisse...

Et son interlocuteur d'ajouter méchamment :

— Feu Grévy disait : Quel malheur d'avoir un gendre ; Mlle Laparcerie cadette pourrait dire : quel bonheur d'avoir une sœur !

Eh bien, la vérité est que le bonheur est partagé. Si la cadette est fière d'avoir une grande sœur qui joue admirablement bien la comédie, l'aînée peut se vanter d'avoir une petite sœur qui en écrit de très jolies.

Parfaitement, Mlle Marie Laparcerie, a écrit deux actes, le *Mannequin* et l'*Audition*, deux petits chefs-d'œuvre, qui seront, je m'en porte garant, bien accueillis du public.

Pouvait-on espérer moins de celle qui, dans le *Gil Blas*, *Fémina*, *La Presse*, et la *Nouvelle Revue* nous a donné et nous donne des preuves si brillantes de son délicat talent ?

Notre gracieuse «confrère» ne compte que vingt-deux printemps et nous vient de Bordeaux, qui est sur le chemin de Toulouse, ne l'oubliez pas ! Elle est dans l'âge où l'on sème (attention, typos !). Espérons que la moisson de la gloire — large et féconde — ne se fera pas attendre trop longtemps.

En attendant la voilà hissée sur la Butte Sacrée, où ont fleuri tant de talents. Mlle Laparcerie est depuis peu secrétaire général du théâtre du Moulin-Rouge. Avec Mlle Judith Cladel, qui remplit les mêmes fonctions au Théâtre du Peuple, elle a inauguré cette nouvelle branche de l'activité féminine. Triomphe du féminisme, direz-vous ?

— Non, triomphe d'une femme, tout simplement.

S. DEBALTA.

DÉCENTRALISATION

Le Sire de Vergy en province

C'est toujours un grand événement que la création en province, d'une œuvre qui a reçu à Paris sa consécration. Les directeurs de théâtres de province, qui ont pour la plupart assisté à Paris à la représentation de l'ouvrage, apportent tous leurs soins à leur tâche. Les aquarelles représentant les personnages dans leur costume obligé sont mises sous les yeux des acteurs et la mise en scène est l'objet d'une attention particulière.

Parmi les genres de spectacles actuellement en honneur, il en est un que l'esprit français, léger et moqueur, a créé de toutes pièces et dont la vogue, un instant ralentie, vient de renaître comme aux beaux jours de Jacques Offenbach et de la Schneider, cette créatrice endiablée qu'un Mécène agenais, autrefois bien connu, fit connaître ; c'est de l'opérette que nous voulons parler.

Créée par Offenbach, l'opérette, avec Lecocq et Audran, tend bientôt à l'opéra-comique. Roger revient à la vraie tradition et Terrasse, avec le *Sire de Vergy*, suit la voie et semble vouloir redonner à ce genre, éminemment français, ce cachet primitif que l'étranger prise particulièrement, comme la mousse joyeuse du champagne.

Les Variétés de Paris, avec le *Sire de Vergy*, ont heureusement doublé le cap de la centième et la province, à son tour, se prépare à suivre le mouvement et monte l'œuvre dont le succès va toujours croissant, car la musique en est tout à fait réussie.

C'est d'abord une ouverture charmante avec, au début, des airs populaires traités en forme de fugue et joués par les cors et les altos, les clarinettes et les deuxièmes violons, les hautbois et les premiers violons, pour finir avec les violoncelles et les contrebasses aux graves sonorités. Puis, une valse délicieusement langoureuse, à la phrase large et berceuse, empreinte d'une teinte légère de moqueuse philosophie, enchaîne un final coquet et léger.

Ce qui frappe tout d'abord à l'audition c'est le soin avec lequel l'auteur a présenté son œuvre, l'enchassant dans une orchestration originale et personnelle, pleine d'effets nouveaux et de modulations exquises. A ce point de vue, la *Ronde du pont d'Avignon* nous semble un des morceaux les mieux réussis, avec le délicieux numéro 15, gravement exposé au début par les violoncelles, avec de prenantes pédales d'altos et de hautbois et de délicieux contre-chants de violoncelles aux couplets qui suivent. A signaler également la langoureuse valse-trio, numéro 2, reproduite dans l'ouverture, la délicate lettre, numéro 4, l'originale prière numéro 8, aux basses reposantes d'orgues, les couplets de Coucy, numéro 9, ceux de Gabrielle, numéro 10, le duo des captifs, numéro 11, orchestré à la hongroise, la suggestive romance de Mitzy, numéro 12, et la danse du ventre qui la souligne, très drolatiquement rythmée sur des airs arabes et espagnols.

« *L'amour se meurt, l'amour est mort* », dit Hélène, dans la spirituelle opérette de Meilhac et Halévy. L'opérette se mourait, elle n'est pas morte, elle renaît avec le *Sire de Vergy*. Souhaitons que Claude Terrasse, son auteur, continue l'œuvre si française d'Offenbach.

Toute la province suit le mouvement donné par la Métropole et, récemment, Bordeaux a monté l'ouvrage avec succès. Agen ne pouvait décemment pas renoncer à suivre le courant. Aussi M. Lenfant-Kender, qui préside aux destinées de la salle Moncorny, n'a-t-il pas hésité à faire des sacrifices pour cette création. La pièce est bien montée et le nouveau décor du pont d'Avignon, sur lequel défilent les croisés de carton, fait le plus grand honneur à l'habile pinceau de M. Renevier. M. Moreau a fait du Sire de Coucy une bonne création. M. Barthe, ténor, de son merveilleux organe, chante malicieusement les couplets de Coucy, Mlle Léo Gailhard a un succès dans la danse du ventre, Mlle Rainaldi chante à ravir la prière de ce délicieux couplets du numéro 15, enfin, Mlle Berthall, en Gabrielle, incarne la « *belle et honnête dame* » de Brantôme, chantant, avec le talent qu'on lui connaît, la prière-duo et la délicieuse valse que l'auteur, très adroitement a placée en tête et en fin de l'ouvrage, comme pour mettre à son œuvre, sans prétention, le cachet d'aimable et légère philosophie qui l'anime.

ALBERT FOURÈS.

Agen, 15 janvier 1904.

ÉCHOS DE PARTOUT

PARIS

Le jury du Concours musical de la Ville de Paris est définitivement composé ainsi qu'il suit : MM. de Selves, président, Vincent d'Indy, G. Fauré, Messager, Samuel Rousseau, Th. Dubois, Widor, Mangin, X. Leroux, J. Claretie, Albert Carré, E. Caron, Chautard, Deville, Dausset, R. Lambelin, R. Brown, Veyrat. Parmi les concurrents les plus en vue signalons : Gabriel Pierné, avec la *Croisade des Enfants* ; Ch. Tournemire, avec le *Sang de la Sirène*, Ratez, Déodat de Séverac, etc.

* *

Les Musées. — Le Musée du Louvre vient d'acquérir un tableau du Greco, *Saint-Ferdinand d'Aragon* et un *Intérieur Hollandais*, de Zorgh (1611-1670).
La National Galerie de Berlin vient de son côté d'acheter un tableau de Manet, *Le Pavillon de Bellevue* (1880).

* *

Le Concours de façades. — Les six maisons primées aux concours de 1903 sont celles construites 17, rue Laffitte, par M. Nénot, architecte (de l'Institut) ; 38 bis, rue Fabert, par M. Hodanger ; 133, boulevard de Ménilmontant, par M. Bocage ; 23, rue Mogador, par M. Labouret ; 164, rue de Courcelles, par M. Delage ; et 45, rue de Bellechasse, par M. Musca.

* *

Les brusques variations de la température ont causé de cruelles déceptions : il avait fait si froid, pendant toute la semaine, que nombre de Parisiens avaient projet de patiner au Bois de Boulogne. Comme toujours il a suffi que l'on eut cette idée pour provoquer le dégel. Combien nos Parisiens eussent été marris s'ils n'avaient pas eu cet admirable Palais de Glace des Champs-Élysées où l'on ne connaît ni la bise incommode, ni surtout le dégel !

DÉPARTEMENTS

Alger. — La *Belle au Bois dormant* obtient en ce moment un succès remarquable ; prochainement on donnera le *Sire de Vergy*. M. Broca, le sympathique directeur du Grand-Théâtre, vient de remporter un joli succès personnel dans *Zéphoris*, de *Si j'étais Roi*. MM. Béchard et Vialard se partagent les applaudissements.
La troupe de comédie et de drame s'est assez bien tiré de la *Passerelle* et de la *Porteuse de Pain*, que l'on vient de reprendre.
Le *Kursaal*, très intelligemment dirigé par MM. Grazi et Narbonne, de qui il faut louer l'initiative et l'activité heureuse, attire tout Alger avec des spectacles choisis, l'*Aventurière*, les *Chouans*, excellemment interprétés par MM. Lassalle, metteur en scène habile et comédien adroit, Raymond, qui donne toujours la note juste. Le français à la diction impeccable, Boursoin, *émouvant* de sincérité ; Mmes Ducange, Marie Bey, Dorlia et Theuler sont fêtées comme il convient.

Amiens. — La *Belle au Bois dormant*, de Ch. Silver, qui obtint un si légitime succès à Lyon où elle fut créée, puis à Marseille, à Rouen et à la Monnaie, vient de provoquer l'enthousiasme des Amiénois. Cette amusante féerie lyrique que les Parisiens ne connaîtront sans doute qu'après toute la province et les grandes villes de l'étranger, a été chaleureusement accueillie. Les motifs charmants qui abondent dans la partition de Charles Silver sont déjà sur toutes les lèvres de nos jolies habituées du théâtre.
La mise en scène est suffisante, l'orchestre, bien que peu fourni, s'est bien acquitté de sa tâche, sous la direction de M. Finance, qui mérite toutes les félicitations. Quant aux artistes, ils ont été chaleureusement fêtés et applaudis ; citons au premier rang, MM. Ariel, Gy, Bernard et Mme Panseron.

Besançon. — Dix représentations consécutives des *Saltimbanques*, et à la dernière on a dû refuser du monde. Une mention aux interprètes à qui revient une bonne partie de cet engouement : Mmes Allary, Courbon, MM. Coutelier, Davesnes, Devèze et Guillo.

Béziers. — Après *Déjanire*, *Prométhée* et *Parysatis*, M. Castelbon de Beauxhostes a décidé de monter l'*Armide*, de Gluck, qui sera somptueusement représentée la saison prochaine. MM. Delmas et Duc sont engagés pour cette solennité. Les décors sont confiés à M. Jambon.

Bordeaux. — GRAND THÉÂTRE. — M. Escalaïs vient de donner deux brillantes représentations dans *Guillaume Tell* et la *Juive*. Plus heureux qu'à son dernier passage où, indisposé, il ne put chanter qu'en employant toutes les « ficelles » du métier vocal, il a complètement repris sa revanche et obtenu un succès énorme, bien légitime du reste.
Mlle de Courtenay vient de débuter sur notre scène dans *Manon* et la *Traviata*, rôles dans lesquels elle a été bien accueillie. A signaler également un joli ballet de M. Stroumon, *Nuit de Noël*, réglé par M. Laffont et dans lequel nos gentilles ballerines, Mlles Lovati, Fabiani et Régina Badet en tête, rivalisent de grâce et de légèreté. EDMONDAY.

Boulogne-sur-Mer. — Mme Mancini a triomphé dans les *Dragons de Villars*. Rappels, fleurs, toute la lyre... Mlle Chevalier, MM. Lorrain, Courbon et Jordens, sont justement appréciés.

Caen. — *Véronique*, l'amusante opérette de Messager, qui n'avait pas été représentée depuis trois ans sur la scène du Théâtre Municipal, vient de reparaître sur l'affiche. Bonne interprétation avec MM. Bourgeois' Faur, P. Bajard et Mme Rey. Compliments au maëstro Lacaze et à sa valeureuse phalange d'instrumentistes.

Dijon. — *Mona*, d'Isidore de Lara, l'heureux auteur de *Messaline*, vient de remporter ici un très grand succès grâce à MM. Melchissédec, fils, et Simon, directeurs sagaces et artistes de premier ordre ; à leurs côtés il faut nommer MM. Crémel, Richemond, Maurand, Nigli et Mme Nariev. L'orchestre dirigé par l'auteur s'est montré à la hauteur de sa tâche.

Douai. — Avec le concours de Mlle Flahaut, de l'Opéra, nous avons eu *Samson et Dalila*, l'œuvre principale du maître Saint-Saëns. M. Dastrez a été un Samson digne de nos meilleures scènes ; citons encore MM. Deliano et Piétri.

Saint-Etienne. — Le 7 février aura lieu une très intéressante solennité musicale. M. Roméo Bertaglio, l'éminent professeur de notre Conservatoire, l'un des plus appréciés des grands violonistes français donnera son concert annuel avec le concours de M. Revel-Monroz, le distingué professeur de piano et d'harmonie au Conservatoire. Nul doute que les dilettantes stéphanois s'empresseront en foule à cette fête d'art.

ÉTRANGER

Londres. — L'hiver est généralement peu fertile en opérettes ; le froid fait éclore des pantomimes. Mais la *Christmas pantomime* n'est pas, comme on serait tenté de se l'imaginer, une pièce mimée. Elle tient le milieu entre la revue et le spectacle à féerie. Ainsi vous entendrez l'Ogre de Barbe-Bleue dire son mot sur la réforme fiscale ou tout autre personnage de la fable viendra vous entretenir de quelque question d'actualité. Et cela, évidemment, à la grande joie de certaines gens qui, soucieux de leur réputation, n'osent franchir le seuil d'un music-hall, tandis qu'ils ne risquent point de compromettre leur « respectability » en venant applaudir ces mêmes étoiles, sanctifiées par la pantomime. Aussi, pour s'assurer le succès d'une pantomime, un directeur s'ingénie-t-il à faire inscrire sur son programme le plus possible de « Favorites » des cafés-concerts.
Bon accueil a été cependant fait à *Madame Sherry*, de M. Hugo Félix, à l'Apollo-Theatre. M. Félix n'a sûrement pas transformé l'opérette anglaise, mais il a dépassé le niveau des dernières productions musicales et est sorti de la platitude de la plupart des « musical plays ». Il a traité le sujet avec art et sincérité. Et s'il est presque un inconnu, la finesse et la science de son orchestration dénotent qu'il n'est pas un débutant.   R. ARY.

— A l'Alhambra, Maria la Bella remplace Guerrero, dans *Carmen*. Elle met assez de personnalité dans l'exécution de ce rôle, tant par sa douce voix et que sa mimique.

Sfax. — Au Théâtre de Sfax, M. Leduc, le puissant ténor, a obtenu ces derniers temps le plus éclatant succès dans *La Traviata*, *Roméo et Juliette*, *La Vivandière*, *Les Pêcheurs de Perles* et *Paillasse*, dont un moment les représentants, en Tunisie, de la Société des auteurs italiens avaient fait mine d'interdire les représentations par huissier. Ce qui n'a pas empêché la pièce d'être jouée avec grand succès et M. Leduc de remporter les plus vifs applaudissements dans le rôle de Paillasse.

BIBLIOGRAPHIE

Le Nu d'après Nature. — LA FEMME. — M. Yvanhoé Rambosson a écrit, pour un recueil de documents photographiques représentant les aspects divers du nu féminin, quelques vérités essentielles qui mériteraient d'être détachées du volume.

« Quels sont les avantages licites qu'un artiste peut tirer d'une sélection d'épreuves photographiques ? demande M. Rambosson. En quelle manière peut-il, sans déchoir, profiter de la servile vérité que lui apporte la chambre noire ? Comment l'étude du nu fixé photographiquement, doit-elle l'amener fatalement à se dégager des enseignements de l'École au profit d'une vivifiante sincérité et d'un art toujours renouvelé devant la nature et comment cette observation amène-t-elle à proclamer l'erreur de ceux qui font de la théorie des proportions la base de l'enseignement artistique ? Pourquoi faut-il détruire dans l'esprit des masses une sorte d'horreur du nu qui se rapproche de la crainte du péché lorsqu'elle n'est point, plus sottement encore, l'obéissance à une éducation conventionnelle à laquelle on se plie en la respectant, sans avoir jamais eu l'idée d'en raisonner les injonctions, ni d'en rechercher les causes ? »

A ces passionnantes questions, M. Rambosson répond en esthète averti et sagace en même temps qu'il étudie, avec une judicieuse méthode, les rapports de la Beauté avec la morale.

D'accord avec l'auteur de cette substantielle étude, nous souhaitons que les recueils photographiques concourent de plus en plus à l'enseignement des arts plastiques.   J.-P.

*
* *

Notre excellent confrère Léon Passurf, termine et va bientôt publier chez Henri Daragon (30, rue Duperré), dans la « Collection du Bibliophile parisien », une bibliographie des ouvrages relatifs aux liaisons sentimentales des personnages historiques intitulée : *Les Amours célèbres*. Ce sera à la fois un recueil historique d'une piquante saveur et un inventaire romanesque du Baiser à travers les âges d'un érotisme extrêmement suggestif.

Ce livre attirant sera présenté dans une préface, très croustilleuse, paraît-il, signée Henry Gauthier-Villars, l'historien matrimonial de Louis XV.

A NOS LECTEURS

L'EUROPE ARTISTE publiera dans ses prochains numéros des études, articles, contes ou poèmes de MM. Brieux, Paul Brulat, Alfred Bruneau, Alcanter de Brahm, Catulle Mendès, Léo Claretie, Louis Codet, Henri Degron, Henry Detouche, Maurice Duhamel, Lucien Descaves, André Gresse, Georges Guiraud, P. Jouslain, Jean Lorrain, Charles Malherbe, Am. Matagrin, G. de Montgailhard, Charles Morice, Stuart Merril, Alfred Mortier, R. de Pongérard, Henri Quittard, Charles Saunier, Georges Vanor, Pierre Veber, Jean Viollis, Y. Rambosson, Willy, René Wisner, etc.

CHEMINS DE FER DU NORD

Paris-Nord à Londres

VIA CALAIS OU BOULOGNE
5 services rapides quotidiens dans chaque sens
Voie la plus rapide

Tous les trains comportent des 2es classes.

En outre, les trains de l'après-midi et de Malle de nuit partant de Paris-Nord pour Londres à 3 h. 25 soir et à 9 h. soir, et de Londres pour Paris-Nord à 2 h. 45 soir et à 9 h. soir, prennent les voyageurs munis de billets directs de 3e classe.

Paris-Nord à Londres

	Paris-Nord, départ	Londres, arrivée
1re, 2e cl. (a) (WR), *via* Calais	9 h. 55 m.	4 h. 50 s.
1re, 2e cl. (a), *via* Boulogne.	10 h. 30 m.	5 h. 50 s.
1re, 2e cl. (a) (WR), *via* Calais	11 h. 20 m.	7 h. s.
1re, 2e, 3e cl. (du 1er juin au 31 octobre inclusivement), *via* Boulogne..........	3 h. 25 s.	11 h. 05 s.
1re, 2e, 3e cl., *via* Calais...	9 h. » s.	5 h. 30 m.

Londres à Paris-Nord

	Londres, départ	Paris-Nord, arrivée
1re, 2e, cl. (a) (WR), *via* Calais	9 h. » m.	4 h. 45 s.
1re, 2e cl. (a), *via* Boulogne.	10 h. » m.	5 h. 50 s.
1re, 2e cl., *via* Calais.......	11 h. » m.	7 h. » s.
1re, 2e, 3e cl. (WR), *via* Boulogne (du 1er juin au 31 octobre)............	2 h. 45 s.	11 h. 10 s.
1re, 2e, 3e cl., *via* Calais...	9 h. » s.	5 h. 50 m.

(a) Trains composés avec les nouvelles voitures à couloir sur bogies de la Compagnie du Nord, comportant water-closets et lavabo.

(W.R.) Wagon-Restaurant. Les voyageurs de première classe y ont seuls accès; les voyageurs de deuxième classe n'y sont admis qu'en payant le supplément de deuxième en première classe.

Services officiels de la poste (via Calais)

La gare de Paris-Nord, située au centre des affaires, est le point de départ de tous les grands express européens pour l'Angleterre, l'Allemagne, la Russie, la Belgique, la Hollande, l'Italie, la Côte d'Azur, les Indes, l'Egypte, etc.

Nota. — Les indications concernant les heures étrangères sont données sous toutes réserves.

En prévision de modifications dans les horaires, consulter les affiches de service.

Le Gérant : ALFRED-LÉOPOLD FORTIN.

CHEMINS DE FER DE L'EST

La Compagnie des Chemins de fer de l'Est délivre toute l'année des Livrets à coupons combinables, à prix réduits, de l'Union des Chemins de fer européens, permettant aux voyageurs de composer à leur gré un voyage sur les réseaux de l'Est, du Nord, de l'Ouest et de P.-L.-M. (*) et dans les pays désignés ci-après : Allemagne, Autriche-Hongrie, Belgique, Bosnie, Herzégovine, Bulgarie, Danemark, Finlande, Grand-Duché de Luxembourg, Pays-Bays, Norvège, Roumanie, Serbie, Suède, Suisse et Turquie (*).

La réduction par rapport aux prix des billets simples atteint et dépasse 20 o/o.

Les principales conditions d'émission de ces livrets sont les suivantes :

L'itinéraire doit emprunter à la fois des lignes françaises et étrangères et ramener le voyageur à son point de départ initial ; il peut affecter la forme d'un voyage circulaire ou celle d'un aller et retour.

Le parcours tarifé ne peut être inférieur à 600 kilomètres ; la durée de validité des livrets est de 45 jours lorsque le parcours ne dépasse pas 2.000 kilomètres, elle est de 60 jours pour les parcours plus longs.

Les livrets doivent être demandés à l'avance ; il n'est pas concédé de franchise de bagages.

Les enfants âgés de 4 ans et moins sont transportés gratuitement, s'ils n'occupent pas une place distincte : au-dessus de 4 ans jusqu'à 10 ans, ils bénéficient d'une réduction de 50 o/o.

CHEMINS DE FER DE L'OUEST

BILLETS DE FAMILLE A PRIX RÉDUITS

DÉLIVRÉS TOUTE L'ANNÉE
des Gares du réseau de l'Ouest
aux Stations hivernales de la Méditerranée

Toutes les gares de la Compagnie des chemins de fer de l'Ouest (Paris excepté), délivrent aux voyageurs se rendant en famille (4 personnes au moins) aux stations hivernales suivantes du réseau de la Compagnie P.-L.-M. : Agay, Antibes, Beaulieu, Cannes, Golfe Jouan, Vallauris, Grasse, Hyères, Menton, Monte-Carlo, Nice, Saint-Raphaël-Valescure et Villefranche-sur-Mer, des billets d'aller et retour de 1re, 2e et 3e classes, valables 33 jours et pouvant être prolongés d'une ou de deux périodes de 30 jours, moyennant un supplément de 10 o/o par période.

Pour connaître le montant de la somme à payer pour ces voyages, il suffit d'ajouter au prix de six billets simples ordinaires le prix d'un de ces billets pour chaque membre de la famille en plus de trois.

Ainsi, une famille composée de quatre personnes ne paiera, aller et retour compris, qu'un prix égal à sept billets simples. Cinq personnes ne paieront que l'équivalent de huit billets simples, etc.

CHEMINS DE FER DE PARIS A LYON ET A LA MÉDITERRANÉE

Trains extra-rapides entre Paris & Menton

La Compagnie Paris-Lyon-Méditerranée mettra en marche tous les jours, à partir du 4 janvier, entre Paris et Menton, deux trains extra-rapides comportant des places de wagons-lits (sleepings-cars), de lits-salons et de 1re classe et partant, l'un de Paris à 7 h. 25 soir et l'autre de Menton à 7 h. 07 soir.

Trajet de Paris à Cannes en 14 h. 31.
Trajet de Paris à Nice en 15 h. 09.
Ces trains ont un nombre de places limité.

On peut retenir ses places d'avance, aussi bien en 1re classe qu'en compartiment de luxe, en s'adressant à la gare Paris-Lyon et aux bureaux de ville de Paris, rue Saint-Lazare et rue Sainte-Anne, à l'aller ; aux gares de Menton, Monte-Carlo, Nice, Cannes et Toulon, au retour.

Imp. G. MERGAULT et Cie, 12, rue Martel, PARIS.

52ᵉ Année. — 2093   LE NUMÉRO : 30 CENTIMES   10 Février 1904

L'EUROPE ARTISTE

Journal Illustré, Artistique, Littéraire & Théâtral

SOMMAIRE

AU JAPON
(Coup d'œil rétrospectif.)

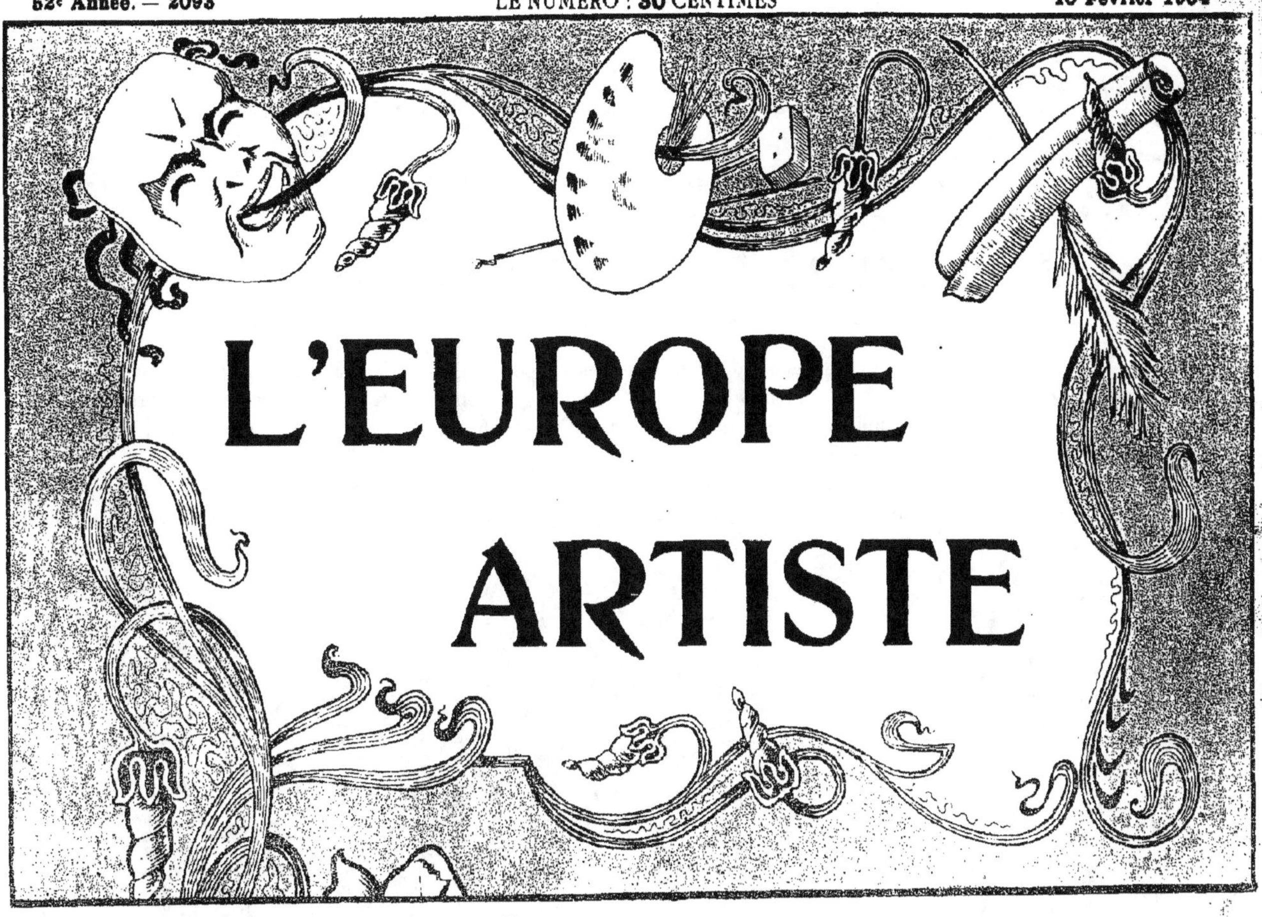

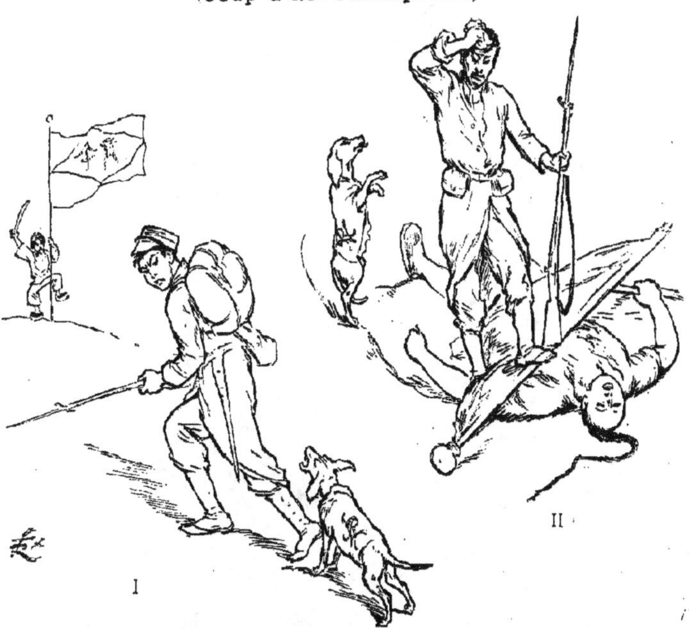

La volte-face de l'Angleterre avant et aprés les victoires japonaises.

I. — AVANT.

« *Le texte de la déclaration de guerre du Japon à la Chine ne fait pas honneur à l'intelligence de ses auteurs. Il serait oiseux, de la part des Japonais, de se poser comme des champions d'une race asservie.* »

(Le Times du 4 septembre 1894.)

II. — APRÈS.

« *Un nouvel État vient de prendre rang dans la hiérarchie des nations, et sa voix ne peut plus être ignorée dans leurs conseils.* »

(Le Times du 24 septembre 1894.)

ABONNEMENTS :
Un an

France.................. **6 Fr.**
Etranger .... **10 —**
Paraît 2 fois par mois, le 10 et le 25

ADMINISTRATION ET RÉDACTION
5, Passage Violet *(29, rue d'Hauteville).* Paris (X^e)

Directeur : **JEAN-PASCAL**
Rédacteur en Chef : **TRISTAN LECLÈRE**

ANNONCES :

La ligne.................. **2 Fr.**
Réclames. .. .. **3 —**

Les annonces sont reçues au bureau du journal

Le JAPON et Félix Regamey

Les dessins qui défilent sous mes yeux sont-ils d'un Français? Sont-ils d'un Japonais?... Quand on a vu et entendu M. Regamey, le doute est encore permis, tellement on comprend qu'il s'est assimilé l'âme japonaise, l'art spécial et très intense de ce pays, qu'il aime profondément et qu'il fait aimer.

Nous ne savons rien, en France, des pays étrangers. Nous les connaissons par à peu près ; nous nous créons à leur sujet des idées fausses, colportées volontairement par des étrangers, et ce sont

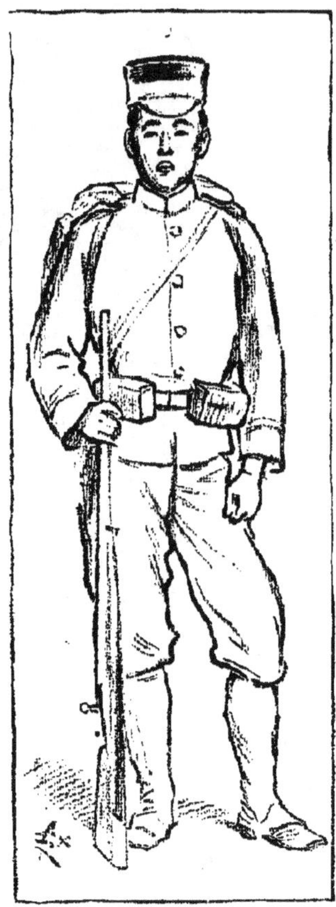

Soldat d'infanterie.

ces légendes qui, la plupart du temps, volent de bouche en bouche parmi nous et sont acceptées comme articles de foi.

Aussi le nouveau livre de M. Félix Regamey sur le *Japon* est-il on ne peu plus précieux à lire, à consulter et à posséder. On peut même dire, qu'avec les événements actuels, il est d'un intérêt palpitant.

C'est tout le Japon qui y défile, avec ses mœurs, sa religion, son art, ses paysages, ses grands hommes, ses industries, et aussi ses curieuses tentatives vers la vie moderne, qui empêcheront ce peuple actif et intelligent d'être absorbé par les autres, et qui en feront peut-être, à son tour, un des conquérants de la vieille Europe.

La plume de M. Félix Regamey aide ses crayons et ses pinceaux; il est l'illustrateur de son texte, ou l'explicateur de ses dessins. Car par lui, — et n'est-ce pas une idée Japonaise? on apprend autant par la vue d'une image qui se grave dans l'esprit que par la lecture d'un livre. C'est pourquoi sa dernière œuvre, *Japon*, renferme une quantité énorme d'illustrations captivantes et charmeuses, qui font faire au lecteur la connaissance de ce pays curieux.

YOKOHAMA. — Table chaude, cuisine enfantine en plein vent.

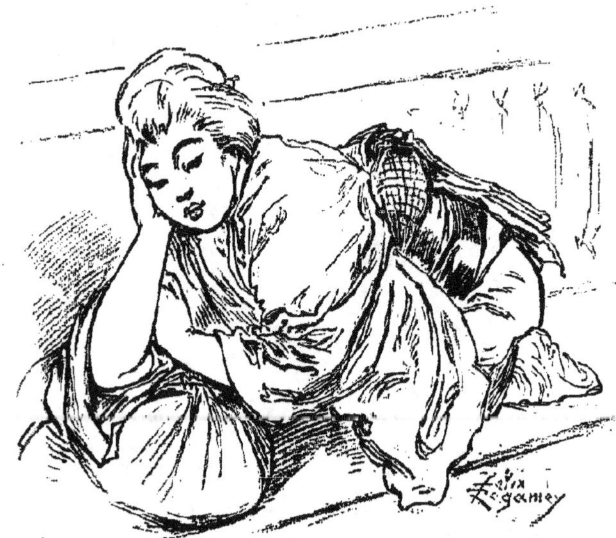

CHEMIN DE FER. — Voyageuse de 2e classe.

C'est la grande maison d'édition de la rue Cassette, à

Paris,. la maison Paclot, qui a édité ce beau livre de 300 pages in-4° qui contient 400 illustrations de M. Regamey, rendues avec un soin et un fini qui font de ce volume une véritable œuvre d'art.

Personne autant que M. Regamey n'était désigné pour parler du Japon.

Son premier séjour en ce pays lointain date de 1896, et c'était une époque où peu d'étrangers pouvaient y pénétrer. Pendant vingt ans, M. Regamey est revenu au Japon au cours de nombreux voyages, et, en 1898, il était spécialement chargé, par le gouvernement français, d'une importante mission.

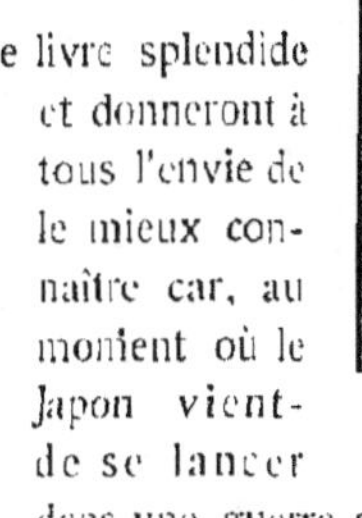

A côté de l'historien et du conteur, toujours savant et intéressant, le peintre tient, chez M. Regamey, la place prépondérante. Elève de M. Lecoq de Boisbaudran, il eut, tout jeune, avant la guerre, qu'il fit comme engagé volontaire, différents succès, à l'Ecole des Beaux-Arts. Plus tard, l'Autriche lui fit parvenir sa médaille pour les arts et les sciences. Nombre de ses dessins et de ses peintures ont été acquis par l'Etat.

Il est l'inventeur de la si intéressante conférence illustrée, et Paris, comme les principales villes de France, de Belgique, des Etats-Unis et du Japon, connaissent bien sa parole élégante, secondée de façon si alerte par son crayon.

Les livres qu'il a écrits sont nombreux, et tous parlent du Japon : *Promenade Japonaise*, en collaboration avec M. E. Guimet : *Okoma*, roman japonais ; le *Japon pratique :* le *Cahier rose de Mme Chrysanthème :* le *Dessin et son enseignement dans les Ecoles de Tokio*. Ses œuvres de théâtre : Les *Yeux clos*, le *Mauvais Rêve*, l'*Epingle à cheveux*, *Ozaki et Kaïta* fleurent bon l'exotisme et Paris les applaudit longuement.

Japon, son dernier ouvrage, demeurera l'œuvre maîtresse de M. Félix Regamey. Il résumera sa carrière d'artiste, de penseur, d'historien et de philanthrope, et nous permettra d'apprécier et de comprendre, comme il doit l'être, cet Empire du Soleil levant tant de fois décrié, si injustement méconnu et presque ridiculisé.

Toutes les illustrations qui accompagnent cet article sont tirées de ce livre splendide et donneront à tous l'envie de le mieux connaître car, au moment où le Japon vient de se lancer dans une guerre susceptible de mettre le feu à la vieille Europe, il est nécessaire de savoir ce qu'est et ce que vaut un peuple aussi audacieusement téméraire.

Et, seul entre tant d'autres, l'ouvrage de M. Félix Regamey m'a paru parler exactement, fidèlement et sincèrement du Japon.

GUY DE MONTGAILHARD.

Un Banto (chargé d'affaires commercial).

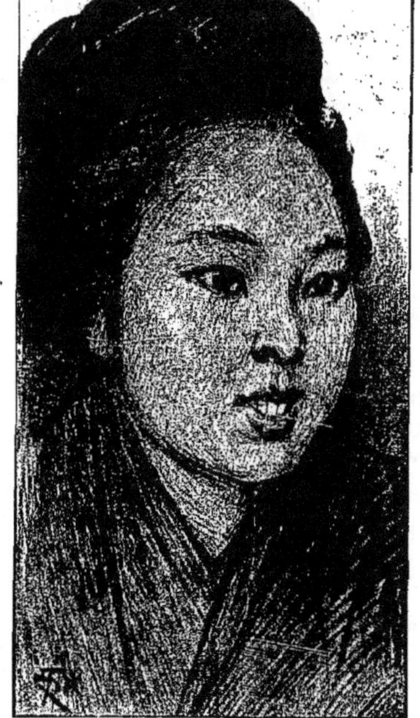

Bourgeois voyageant en hiver.

Type de servante.

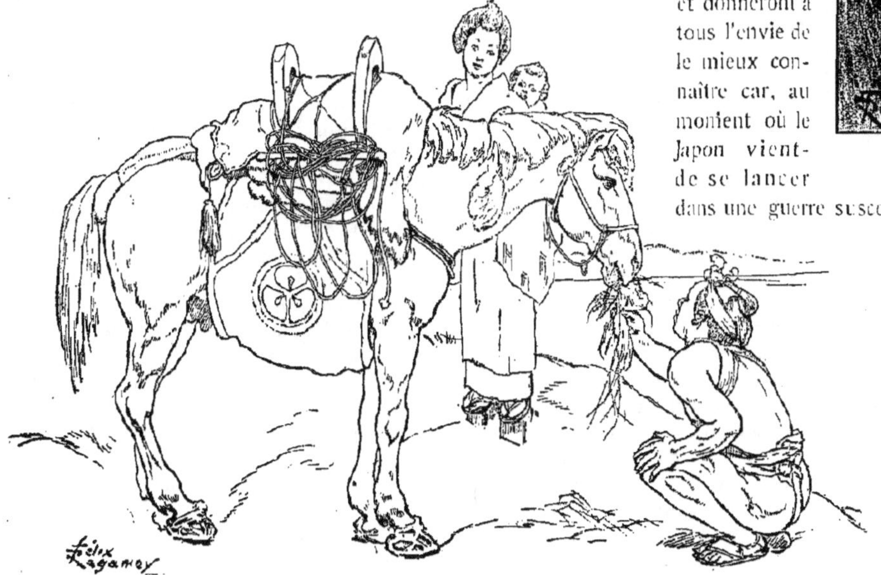

Cheval de bât japonais.

MADAME DE TRESMES

La chambrière écarta les rideaux bleus et découvrit le soleil qui bouillonnait aux mousselines de la fenêtre. Le tapis clair se fleurit ; les chaises de satin brillèrent ; une petite Vénus de porcelaine s'illumina. Madame de Tresmes avait replié son bras nu sur ses paupières, dans l'oreiller où semblaient déferler les dentelles.

Assise sur le lit, les épaules frissonnantes, dans ses mules qui bâillaient elle mit ses pieds blancs, et se laissa vêtir. Puis à petits pas elle fut s'asseoir devant sa toilette.

Mais comme la chambrière dénouait ses cheveux, Mme de Tresmes vit une ride à son miroir. Elle se pencha si près du miroir qu'il se voila de son haleine ; du bout des doigts elle déchira trois fois la pâle buée. Puis elle fit lentement glisser un doigt sur son front lisse. La chambrière, les mains jointes, rit aux éclats.

Lorsqu'elle eut rougi ses lèvres Mme de Tresmes alla dans son boudoir. Parmi les glaces, où des nymphes aux jambes nues et des guirlandes étaient peintes, elle leva les yeux vers un cadre ovale. Elle y était représentée coiffée de plumes, les yeux nets et rêveurs, les lèvres entr'ouvertes, un œillet entre les deux seins.

Bien longtemps, et peu à peu souriante, Mme de Tresmes fut songeuse, reflétée entre les guirlandes, de tous les côtés, dans les glaces immobiles.

— « M. le Chevalier de Nérac », dit un domestique.

Le Chevalier, avec sa grâce habituelle, baisa aux doigts Mme de Tresmes et la complimenta.

— « Mon ami, dit-elle vivement, on prépare mon équipage. Vous m'emmenez à votre gré dans la ville ou dans la campagne, dans un joli paysage inconnu. »

Elle sourit et ajouta tendrement :

— « Allons nous faire un souvenir. »

LOUIS CODET

HERBERT SPENCER
et la Musique

Nul n'ignore que Herbert Spencer, ce véritable philosophe au sens antique du mot, ce penseur universel dont l'activité intellectuelle embrassa l'universalité des choses humaines pour en extraire, en toute connaissance de cause, les principes fondamentaux sur lesquels il basa sa magistrale théorie de l'évolution, on n'ignore pas que ce moderne Aristote a écrit de belles pages sur l'esthétique, et surtout sur l'origine des arts. Ses dernières et remarquables études à ce sujet furent, si j'ai bonne mémoire, une série d'articles sur les *Institutions professionnelles* qui parurent simultanément, en 1896-97, dans la *Contemporary Review*, de Londres, dans le *Popular Science Monthly*, de New-York, et dans la *Revue des Revues*, de Paris. Mais ses idées particulières sur l'art musical sont peut-être moins connues ; c'est pourquoi je vais tenter de les résumer brièvement.

Elles sont contenues dans un *Essai* déjà ancien où Spencer étudie la musique, son rôle social et son avenir.

Il faut lire cette étude dans l'excellente traduction de mon compatriote Auguste Burdeau, qui mourut si tristement en pleine force intellectuelle, tandis que s'acheminait lentement vers la tombe, dans une auréole de gloire à la fois grandiose et modeste, celui dont il avait révélé l'œuvre au public français.

Spencer s'attache d'abord à déterminer quels rapports existaient entre la musique et le langage, et, par suite entre la musique et le jeu des muscles. C'est une question trop spéciale pour être développée ici, mais on peut du moins examiner les conclusions du philosophe. Pour lui, il existe déjà dans le langage du timbre, du rythme et de la cadence (en un mot des éléments musicaux), lesquels sont en proportion de l'émotion ressentie par celui qui parle ; Spencer en conclut que la musique est comme « la forme idéale du langage de la passion », et qu'elle est par là même très puissante, car il voit dans la passion une force toute spéciale de contagion que ne possède pas la pensée. Il résumera donc l'évolution de l'art musical de la façon suivante : d'abord une forte émotion a fait naître, comme moyens d'expression les tons, les intervalles et les cadences ; puis on fit une synthèse de ces procédés nouveaux, utilisés d'abord isolément, et on les appliqua à la parole ; de là naquit le chant, qui fut donc la manifestation primitive de l'art musical ; enfin cet art fut développé par des hommes dont le génie résidait en une aptitude émotive et passionnelle toute particulière, telle qu'on la trouve chez Beethoven et chez Chopin, par exemple.

Il n'est donc pas exact de tenir le plaisir musical pour le but suprême de cet art. L'origine et la nature même de la musique conduisent Spencer à établir que le véritable rôle du plaisir de la musique (comme aussi bien celui de tous les plaisirs) est un rôle pour ainsi dire social ; elle rend le langage plus apte à traduire la passion, ou même, plus simplement l'émotion ; il y a une sorte d'aide réciproque entre le langage et la musique, assez semblable à la réciprocité que l'on rencontre dans l'ordre scientifique, entre les diverses manifestations de la pensée humaine.

N'est-ce pas là une magnifique confirmation philosophique de la pensée de Wagner sur l'union indispensable de la poésie et de la musique ? N'y a-t-il pas aussi, dans cette conception du rôle social de la musique, en tant que moyen d'éveiller la sympathie universelle, une paraphrase magistrale du proverbe populaire qui affirme que la musique adoucit les mœurs ? N'est-ce pas là, enfin, un réveil de la pensée antique qui, à l'origine, confondit sous la même dénomination la sagesse suprême et l'harmonie ?

Elle est belle, cette fin du vieux philosophe, qui, sentant venir la mort, se fit transporter vers une fenêtre de sa villa de Brighton pour contempler une fois encore l'immensité houleuse de l'Océan ; avec son éclectisme accoutumé, il voulut que son pianiste lui jouât quelques passages des grands symphonistes, et quelques mélodies tendres et passionnées des maîtres français. Puis, dans la sérénité de cette belle soirée de décembre, il s'assoupit lentement ; vers la nuit, il perdit connaissance ; et, quelques heures avant le lever de l'aube, Herbert Spencer était mort.

AM. MATAGRIN

SOIR

Sur les routes droites et blanches,
Où les ombres déjà s'allongent,
Est descendu le calme étrange
D'un soir de légende ou de songes...

Le bourdonnement des insectes
N'anime plus le crépuscule ;
Les plaines, au loin, sont désertes...
Des feuilles tombent dans la brume...

Diaphane, la brume gagne,
Tandis que les choses s'estompent.
L'heure est grisâtre ; la campagne
A des teintes de vieille estampe.

La lumière se fait plus pâle...
Des brises chantent dans les seigles.
Toutes les nuances se fanent
A l'approche de la ténèbre...

On dirait qu'un astre invisible
Epand soudain des nappes d'ombre.
Le soir se dilue en bruines...
Il fait triste ; il pleut... la nuit tombe...

MAURICE DUHAMEL

La Quinzaine Théâtrale

C'est pour le critique dramatique une tâche assez ardue que de prendre possession de sa judicature en pleine période hivernale.

Déjà en effet, les nouveautés les plus intéressantes de la saison, celles du moins sur lesquelles l'impatience du public s'aiguisa pendant les vacances, à les voir annoncer à grand renfort de notices et de papillons à travers les journaux, les premières sensationnelles enfin, réalisant plus ou moins les espérances de succès des directeurs et des auteurs, ont donné leur mesure. On sait déjà que l'année théâtrale présente sera l'année du *Dédale*, de M. Paul Hervieu, et que les œuvres promises à la curiosité du spectateur parisien friand de nouveautés, mais toujours désabusé le lendemain de chaque primeur, ne seront, comme l'*Absent*, à l'Odéon, *Frère Jacques*, au Vaudeville, et la *Citoyenne Cotillon*, à l'Ambigu, que la menue monnaie de la dramaturgie contemporaine.

D'autre part, il convient d'ajouter que

la critique devenant chaque année plus difficile à exprimer, pour différentes raisons, dont la majeure consiste dans le peu d'empressement qu'apportent les théâtres à faciliter la tâche des professionnels. Dès lors que la critique se trouve abaissée au rang d'un négoce de publicité, les directeurs prétendent l'orienter au mieux de leurs intérêts et proportionnent leurs exigences à la quotité de leurs concessions pécuniaires, basées sur l'importance des journaux qu'ils subventionnent. C'est contre ces tendances qu'il conviendrait de réagir, en revenant à la bonne et saine critique traditionnelle d'autrefois, ce que je me propose de faire dans les colonnes que l'*Europe Artiste* rénovée, veut bien me réserver à cette intention.

*
* *

Le *Dédale*, ai-je dit, est de toutes les nouveautés du moment, celle qui suscita le plus de curiosité. Cela s'explique volontiers en un temps où le théâtre à succès consiste uniquement à l'adaptation de sujets rebattus à des vieilles ficelles. On sait que M. Sardou n'a pas son pareil en ce genre et que ce Shakspeare sans littérature, comme l'appelait dans l'*Événement*, M. Hector Fleischmann, vient de sauver d'une passe périlleuse le théâtre de Mme Sarah Bernhardt, avec la *Sorcière*. Mais il y a entre la *Sorcière* et le *Dédale* justement la différence qui caractérise Shakspeare, toujours sans littérature, et par exemple un Emile Augier qui se serait adjoint à Dumas fils. Le théâtre de Sardou est charpenté de main de maître, le théâtre d'Hervieu est stylé d'une plume d'artiste. Mais ce qui me désole, c'est que, n'importe sur quel canevas brodé par ces conquérants du théâtre, un esprit habitué précisément à ces ficelles, puisse dès le début, par exemple dans la scène ou Mme de Pogis, mère, exhorte son ex-bru Marianne à recevoir, ne fut-ce qu'un instant, Max de Pogis, qui attend en bas, dans une voiture, prévoir que ce mari répudié, ne revienne dans les bonnes grâces de celle qu'il déshonora.

Heureusement, la délicatesse de nuances que sait apporter M. Hervieu dans la continuité de ses effets de théâtre, ne permet pas que ce rapprochement se puisse sceller à nouveau par les liens d'une nouvelle affection, même illégitime. Marianne, qui a épousé un brave garçon, Guillaume Le Breuil, pour se confirmer, au risque de rompre avec les usages du son monde, dans sa résolution de fuir à jamais son premier mari infidèle, ne cédera que par surprise, à l'heure fatale, où la maladie grave de l'enfant né de son premier mariage, la mettra en face de l'homme qu'au fond elle ne cessa pas d'aimer.

La raison de ce rapprochement même fortuit, sert surtout à démontrer toute l'importance, malheureusement trop négligée dans la pratique, que prend l'enfant dans une pareille situation.

Or, Marianne s'avouant à elle-même, puis à sa mère, toute la force de son amour pour Max, ne peut plus appartenir à Guillaume Le Breuil ; d'autre part, la loi et le respect humain, c'est-à-dire le souci de l'opinion, lui défendent de reparaître publiquement avec Max. Comment sortir de ce dédale ? C'est le point difficile de la pièce. On s'accorde à reconnaître que M. Hervieu a transformé le dédale en abime et précipité les deux rivaux dans le néant, en leur ménageant un suprême corps-à-corps, à l'instar des romans de la jungle et des pampas. C'est, je gage, pour donner satisfaction aux abonnés très exigeants de la Comédie Française qu'il a choisi cette solution... de continuité.

En pratique, Guillaume Le Breuil se serait ou suicidé ou battu en duel avec son adversaire, et, vainqueur, eût divorcé d'avec sa femme coupable, ou bien lui pardonnant l'eût gardée en son foyer, à cause même de son amour. Vaincu, son rival eût emmené Marianne à l'étranger, comme il le lui proposait d'ailleurs avant de disparaître dans le gouffre, et quelques mois après, la société parisienne les eût réadmis à ses galas.

J'ai entendu dire beaucoup de mal de la pièce de M. Paul Hervieu, ce qui à la rigueur aurait pu, les arguments de critique pouvant être fondés, modifier l'impression première et si riche d'émotivité que me suscita le *Dédale*. La joie de relire cette œuvre dans l'exemplaire dont ce noble et puissant écrivain, devenue maître de sa langue, et arbitre de la nôtre, me voulut bien gratifier, selon son aimable et déjà ancienne habitude, m'a confirmé pleinement le sens de beauté que j'avais entrevu dans le *Dédale*, et j'y retiens notamment pour les offrir à la méditation des pères de famille, les lignes dans lesquelles Guillaume Le Breuil exprime le désir que son beau-fils, Louis de Pogis, ne devienne pas un de ces pantins, comme l'éducation en forme de la douzaine, ne savent se mouvoir que par les ficelles de la convention, par les attaches de la société, mais un homme libre, ne se faisant pas scrupule de recourir à sa force, s'il lui arrive de souffrir dans son droit. Henrik Ibsen n'eût pas mieux dit.

*
* *

Un poète se doit avant tout de parler des poètes, ses frères, parfois ennemis, mais du moins ses frères spirituels. C'est donc le cas de relater la mise à la scène de la Porte-Saint-Martin, de la pièce de M. Jacques Richepin, *Falstaff*. Ici, nous retrouvons Shakspeare avec littérature, et un peu de ce panache qui fit le succès de M. Edmond Rostand. L'aventure d'Anna Paje avec Henri IV d'Angleterre, celles légendaires du gros Falstaff avec les Joyeuses Commères de Windsor, sont trop connues pour qu'il convienne de les rééditer à nouveau, mais le vers manié par le fils du grand poète des *Blasphèmes* et de *Martyre* a de qui tenir, et se laisse ouïr sans fatigue. C'est donc un succès d'art et de théâtre de plus à l'actif du jeune et brillant écrivain.

*
* *

Si le souvenir du succès de Mme Suzanne Desprès et de Lugné Poë dans le nouvelle série de représentations de *Maison de Poupée*, données par l'*Œuvre*, remonte à quelques semaines, celui de *Liberté !* jouée en matinée ces jours derniers à Cluny, sous le patronage de l'*Essor*, théâtre d'art, n'est pas moins agréable à évoquer. *Liberté !* est l'œuvre dramatique d'un jeune poète, M. Massillon Coicou, qui fait partie de cette colonie haïtienne de Paris, qui ne compte parmi nous que des sympathies, et chose curieuse mais digne d'encouragement, compte aussi presque autant de poètes que de membres.

Liberté ! est en quelque sorte la glorification de ce mouvement émancipateur qui au lendemain de la Révolution française, étendit ses bienfaits sur les hommes de couleur et en particulier sur les nègres d'Haïti et de Saint-Domingue, fondés à revendiquer au nom des Droits de l'Homme la qualité et les prérogatives des citoyens libres. Ce n'est pas sans luttes meurtrières de toutes sortes que se conquit cette liberté, et, précisément, quelques-uns des événements pénibles de cette phase sanglante forment le cadre de la pièce de M. Coicou. Un peu du romantisme juvénile mais sincère de Bug-Jargal, se retrouve en la déclamation des revendicateurs du principe d'égalité étendu à toutes les races humaines, et l'ensemble nous laisse l'impression d'une pièce où la couleur ne semble pas ménagée, ce qui, dans l'espèce, apparaît de circonstance.

Une agréable piécette moyen-âge de M. Fernand Sarnette, remémorant un des traits d'équité du bon roi Réné, précédait ce spectacle digne d'être mentionné.

ALCANTER DE BRAHM

••→≈•≈←••

UNE PREMIÈRE A MONTE-CARLO

(De notre correspondant particulier.)

Comme début de saison d'opéra, Monte-Carlo nous a offert la primeur de *Pyrame et Thysbé*, drame lyrique en 2 actes, de M. Edouard Trémisot, un jeune compositeur d'avenir.

L'œuvre, par elle-même, serait faible si la musique ne la grandissait.

Il y a, en effet, de fort beaux passages ou l'harmonie, le rythme et le coloris instrumental combinent leurs ressources avec celles des mélodies coulant avec abondance, flexibles, abandonnées.

J'ai été frappé par certains points de ressemblance de la partition avec celle de Lakmé. Retrouvé aussi certaines réminiscences de la musique de Mascagni. Une phrase musicale du plus bel effet, revenant à plusieurs reprises, m'a remémoré Massenet.

M. Thémisot résumerait-il à lui seul tous ces maîtres ? C'est un brillant début musical dans tous les cas !

Interprétation remarquable avec Jeanne Laffitte et le ténor Laffitte.

Joué aussi le même jour, *Paillasse*, de Léoncavallo. Triomphe pour les protagonistes : MM. Alvarez et Renaud ainsi que Mlle Noria.

L'orchestre, sous l'habile direction de M. Jehin, est digne des plus grands éloges.

L. ROZE

A VENDRE Fonds de marchand de musique et pianos. — Belle installation au centre de Paris. — Maison très ancienne. — Bail avantageux. Demander tous les renseignements au bureau du journal.

L'ART FRANÇAIS
A LONDRES

(De notre correspondant particulier.)

L'art dramatique français sera largement représenté, à Londres, pendant cette saison. Longue est la liste des pièces qui ont été applaudies sur les scènes de Paris et dont les droits ont été acquis par des managers londoniens avisés.

Ainsi M. George Alexander jouera : *Les Affaires sont les Affaires*, de O. Mirbeau, et l'*Adversaire*, de Alfred Capus et E. Arène. M. Comyns Carr à adapté *La Chatelaine*, de Capus, qui paraît sur l'affiche du théâtre de Sir Charles Wyndhams, sous le titre de *My Lady of Rosedale*. MM. H. Dausey et S. Valentine tireront une pièce du drame *Ferréol*, de Sardou, la *Citoyenne Cotillon* passera au Haymarket-Théâtre, avec M. Cyril Maude, dans le rôle principal.

The Philanthropists est le titre de la traduction des *Bienfaiteurs*, de Brieux, qui a été jouée au Stage Society. Enfin, pour clore cette énumération ajoutons que la mise en musique de *Madame Sans-Gêne*, sous le titre de *Duchess of Danzig*, a déjà dépassé la centième.

R. ARY

A BRUXELLES

CONCERTS DU CONSERVATOIRE.

(De notre correspondant particulier.)

— M. Gevaert, l'éminent directeur du Conservatoire de Bruxelles, nous a donné cette semaine son second concert.

Comme toujours d'ailleurs, il y avait foule, et le public absolument choisi, n'a pas ménagé ses applaudissements.

Nous avons eu d'abord l'ouverture de *Guillaume Tell*, l'orchestre l'a rendue d'une façon tout à fait supérieure, qui a permis, une fois de plus, d'apprécier la musique du grand maître italien.

Ensuite est venue la *Huitième Symphonie*, de Beethoven, dont l'interprétation a été des plus soignées.

Puis, et c'était le clou du concert, le second acte de *La Vestale*, de Spontini.

La direction a été heureusement inspirée en inscrivant cette œuvre au programme. Le captivant opéra de Spontini était dans l'ombre depuis trop longtemps.

Le second acte, le plus majestueux et le plus imposant des trois, exige à la fois une tragédienne accomplie et une chanteuse de tout premier ordre dans le rôle de Julia, l'héroïne. Ce rôle était tenu par Mme Dratz-Barot, de la Monnaie.

A citer aussi et à complimenter, Mlle Latinis et MM. Demest, Van den Bergh et Cottreuil, de la Monnaie.

DE MUNTER

LE MOIS SCIENTIFIQUE
ET INDUSTRIEL

Abonnement : Un an, 14 francs

PARIS — 33, Boulevard des Batignolles

ROBES-MANTEAUX
FOURRURES

FORGILLONS, Sœurs, *165, Rue Saint-Honoré*
(PLACE DU THÉÂTRE FRANÇAIS)

Robes doublées Soie, depuis 150 francs

ÉCHOS DE PARTOUT

PARIS

L'orchestre Colonne ne donnant pas de concerts pendant les jours gras, l'Odéon représentera, avec son concours, l'*Arlésienne*, le dimanche 14 et le mardi 16, en matinée.

Le soir, la *Seconde Madame Tanqueray*, dont le succès va en s'accentuant.

M. Fontanes vient de recevoir, pour être représentée au Châtelet, au début de la saison prochaine, une pièce à grand spectacle de MM. Louis Decori et Victot Darlay, titre : *Monsieur Polichinelle*.

Au Théâtre Cluny, MM. Alphonse Allais et Paul Bonhomme, les auteurs de *Monsieur la Pudeur*, viennent de faire recevoir *Chat-Maure*, revue-fantaisie, écrite en collaboration avec M. Albert René.

M. Donnay écrivit jadis une très jolie comédie, *Pension de famille*, qui fut jouée au Gymnase avec un certain succès.

M. Donnay s'est entendu avec M. Porel pour une reprise de *Pension de famille*.

A la Renaissance :

La pièce qui succédera à l'*Adversaire* est une comédie en quatre actes, de M. Anat de France.

Les décors de cette pièce, qui comporte huit tableaux, tous d'un grand pittoresque, et trente-trois personnages, ont été confiés à MM. Amable, Lemeunier et Jusseaume.

Entre autres intérêts de distribution, on reverra M. Paul Boisselot, qui a signé avec M. Lucien Guitry pour plusieurs années.

En attendant, l'*Adversaire* marche vers sa cent cinquantième représentation.

M. Antoine vient de recevoir la *Main de singe*, drame en 3 tableaux, de M. L.-N. Parker, adaptation française de M. Robert Nunès.

Dans la Revue des Folies-Bergère, une scène amusante entre toutes : Hervé et Marfa d'Hervilly en Willy et Polaire : lui, placide et moustachu, sous le bords-plats ; elle inouïe de ressemblance, yeux noirs alanguis, trémoussements de poupée égyptienne — c'est Claudine elle-même.

Le patinage est le préféré des sports d'hiver. Il est recommandé à tous, facile et agréable à pratiquer, au Palais de Glace des Champs-Élysées, de 2 h. à 7 h. et le soir de 9 h. à minuit.

DÉPARTEMENTS

Bordeaux. — GRAND THÉATRE. — On a représenté pour la première fois dans notre ville *Les Maîtres Chanteurs de Nuremberg*, de R. Wagner.

L'accueil fait à la pièce et à ses interprètes a été des plus favorables, et si les initiés aux formules wagnériennes ont davantage goûté cette savante et délicieuse musique, la partition a véritablement plu et nul doute qu'une brillante série ne fasse encore mieux connaître les beautés de cette comédie lyrique.

Compliments mérités à MM. Gibert, Chéret, Boussa, Seveilhac, Hyacinthe, ainsi qu'à Mmes de Méryanne et Blancard, qui ont été remarquables et ont obtenu les ovations les plus flateuses.

A signaler également l'excellent ensemble des chœurs renforcés par le « Cercle Orphéonique »,

ainsi que l'orchestre magistralement conduit par M. de la Chaussée.

— La Société « Sainte-Cécile » avait mis au programme de son cinquième concert : *L'Enfance du Christ*, de Berlioz. Nous devons constater que cette œuvre a été remarquablement exécutée et avec un soin scrupuleux des nuances. Les douces inspirations de Berlioz ont été merveilleusement rendues par un orchestre admirablement discipliné, sous l'habile direction de M. Pennequin.

On a beaucoup goûté et fêté Mlle E. Laporte (Sainte-Marie), MM. Dufriche (Le Récitant), Boussa, (Hérode), et la section chorale.

Dire que le trio des jeunes Ismaëlites était exécuté par MM. Feillou, Edely et Jandelli c'est dire que l'exécution de cette page a été parfaite.

EDMONDAY.

Lyon. — GRAND THÉATRE. — Le grand événement de la saison a été la création du *Crépuscule des Dieux*. Comme il fallait s'y attendre l'interprétation a été excellente. Les principaux rôles avaient été confiés à Mmes Janssen (Brünhilde), Rogery, La Palme, de Véry, à MM. Verdier (Siegfried), Sylvain (Hagen), Rouard, Artus. L'orchestre bien dirigé a été à la hauteur de sa tâche.

La direction nous a également donné *Manon*, le chef-d'œuvre Massenet, avec Mmes Davray (Manon), de Véry, MM. Gauthier (Lescaut), Dufour, Merle-Forest.

Puis nous avons eu *Faust*, *Carmen*, *La Fille du Régiment*, *Les Noces de Jeannette*, *Myosotis*, un ravissant ballet de M. Philippe Flon, l'excellent et renommé chef d'orchestre de céans.

Prochainement : *Cavaleria Rusticana*, de Mascagni. *Le Légataire Universel*, l'opéra-bouffe de Georges Pfeiffer, *Mireille*, *Hérodiade*, etc...

Décidément et quoique l'on dise, la régie municipale a tout de même du bon.

— NOUVEAU THÉATRE. — *Miss Helyett* très bien interprétée par des artistes excellents a eu un véritable succès. La jolie et gracieuse Eveline Jeanney, des Bouffes-Parisiens, a été parfaite dans le rôle ingrat de la fille du grave Smithson. Les autres artistes ont tous rivalisé de zèle et des compliments sont dus à MM. Lacoume, David et Tillet.

Le Cœur et la Main, de Lecoq, a été brillamment enlevé par Mlle Marcelle Renée, des Bouffes-Parisiens, parfaite dans le rôle de Micaëla, par Mlle Bach, très gracieuse Josépha, MM. Lacoume, Laerte et Tillet.

Nous avons eu aussi *La Fille du Tambour-Major*. Enfin, *Les Petites Michu*, la pimpante opérette de Messager. Les interprètes ont été parfaits dans leurs rôles, ils méritent des félicitations.

L'orchestre est très homogène. Compliments à son chef, M. Lanciani, et à l'actif directeur, M. Rasimi.

MARTINELLI.

Marseille. — OPÉRA MUNICIPAL. — Heureuses les villes, qui n'ont pas comme nous, une Commission extra-municipale ! Celle qui sévit à Marseille, commence réellement à dépasser les bornes ! Grâce à elle, après le cinquième mois d'exploitation théâtrale la troupe n'est pas encore définitivement constituée. Quand je pense qu'elle a résilié l'engagement de Mlle Chambellan ; que nous avons maintenant comme chanteuse légère un soprano dramatique ! Quand je pense qu'elle a failli refuser Mlle Strasy, qui est une artiste admirable, que Mlle Charbonnel s'est trouvée dans le même cas, que nous avons eu cinq ténors légers pour arriver à en garder un médiocre, je comprends que le public se soit fâché et qu'il ait demandé la dissolution de la fameuse commission, qui restera célèbre dans les annales de notre première scène. Raconterai-je les petites histoires qui se sont passées au sein du corps de ballet ? Il vaut mieux ne pas le faire...

Ce pauvre M. Valcour, de qui la compétence est indiscutable et le bon vouloir évident, est vraiment bien à plaindre au milieu de ce gâchis. Il faut lui savoir gré d'avoir monté *Messaline*, avec un luxe de décors et de mise en scène auxquels nous étions peu habitués ici. Cet opéra dans lequel M. Escalaïs et Mlle Strasy continuent à triompher fait chaque fois salle comble. Est-ce à dire que l'œuvre de M. de Lara soit absolument admirable ? Je ne le crois pas. La musique manque parfois d'envolée, elle est souvent monotone, un peu décousue et quelque peu déconcertante. Mais les décors sont presque dignes d'une féerie, et Mlle Strasy y déploie avec un art réel, ses facultés vocales remarquables et de telles séductions de jolie femme, que le public est transporté.

Bientôt nous aurons les *Maîtres Chanteurs*, de Wagner, pour la première fois à Marseille.

— VARIÉTÉS. — Après Jane Hading et Mme Réjane, M. de Féraudy nous a donné les *Affaires sont les Affaires*. La belle comédie d'Octave Mirbeau fut pour le vaillant sociétaire de la Comédie Française, un succès triompal. Depuis quelque temps, c'est sur la scène des Variétés, un défilé ininterrompu de toutes les constellations du firmament artistique. M. Simon fait bien les choses.

— GYMNASE. — Notre scène d'opérette, subit en ce moment, un instant d'accalmie. On y joue *Mademoiselle Nitouche*, sans trop d'éclat d'ailleurs, mais on répète avec une activité fébrile une revue locale à grand spectacle, pour laquelle M. d'Albert, nous promet des merveilles. Comme il n'a pas pour habitude de faillir à ses engagements, ce sera sans doute merveilleux. Le titre seul est tout un poème : *La Bourride*. J'en reparlerai.

H. DU PUISAT.

Montpellier. — Merveilleuse solennité artistique au profit de la Caisse des Écoles laïques.

Tout ce que la vieille cité universitaire de Montpellier compte de notabilités dans les sciences, la magistrature, l'administration, la haute bourgeoisie sincèrement démocrate, a pu applaudir l'illustre sociétaire de la Comédie-Française, Mounet-Sully, et sa distinguée partenaire Mlle de Lara, dans le drame shakspearien d'*Hamlet*.

La compagnie réunie par l'habile impresario, G. Labruyère, est tout entière digne des deux maîtres de l'art scénique, au talent desquels les éloges et les ovations d'un public de province n'ajoutent pas grand chose, mais militent seulement en faveur de son goût.

J.-R. SÉE.

Nice. — OPÉRA. — Direction Saugey, directeur artistique de la Gaîté ; troupe des plus homogènes ; comme premiers sujets : artistes d'élite, tel est le tableau de notre première scène.

Semaine théâtrale très chargée, cinq premières : *Cendrillon*, *Louise*, *La Bohème*, avec Mlle Guiraudon, la *Favorite* et *Roméo et Juliette*, avec Marie Thiéry, premier sujet de l'Opéra-Comique.

Toutes ces représentations interprétées d'une façon brillante. Aussi l'Opéra jouit-il d'une réputation artistique parfaitement justifiée.

— CASINO MUNICIPAL. — Au Casino Municipal *Les Petites Michu*, avec Mariette Sully, la créatrice de la *Poupée*, et l'excellent comique Georges. Je parlerai prochainement de la troupe d'opéra-comique.

— JETÉE PROMENADE. — *Amoureuse*, la jolie comédie de M. de Porto-Riche, tient actuellement l'affiche. Elle abonde en délicates expressions, en phrases bien tournées, en scènes assez heureuses, mais qui reviennent trop souvent, et, par suite, finissent par être fastidieuses.

Nous sommes néanmoins fort reconnaissants à la Direction de ses efforts continus pour nous faire bénéficier des œuvres nouvelles, malheureusement elle a été assez mal servie cette fois dans son œuvre de décentralisation.

L. ROZE.

Noisy-le-Sec. — La municipalité offrait samedi dernier, 6 février, une grande fête au profit du Bureau de Bienfaisance et de la Caisse des Écoles.

Très bien organisée, cette soirée, qui réunissait toutes les notabilités de notre ville, a obtenu un succès magnifique. Beaucoup de monde, des toilettes superbes, un entrain endiablé, tel est en quelques mots le résumé de cette jolie fête. L'orchestre du jeune maëstro L. Garnier, prêtait son concours à cette belle soirée ; il a joué jusqu'au matin les danses les plus jolies et les plus entraînantes de son répertoire.

Remarqué dans l'assistance : M. Adrien Damoiselet, le sympathique maire, entouré de ses adjoints, MM. Breuiller et Durin, et de M. J.-P. Pech, l'actif secrétaire de la mairie.

Périgueux. — Le concert que donne chaque année, à ses membres honoraires, l'harmonie l'*Avenir*, a eu lieu le samedi 30 janvier, au théâtre.

Pour cette soirée, la société put s'assurer le concours d'artistes de Bordeaux. Citons d'abord M. Lespine, un maître du violon, qui a joué avec accompagnement d'orchestre, le *Concerto en sol mineur*, de Max Bruch. Figuraient ensuite au programme, *Havanaise*, de Saint-Saëns, une *Berceuse*, de F. de la Tombelle, accompagnée par l'auteur, un *Air de Danse*, de Raoul Château, le distingué violoniste Périgourdin, *Danse Espagnole*, de P. Ozcariz, accompagnée par l'auteur.

M. Blancart, une basse excellente, a chanté dans un style impeccable, l'air de la calomnie du *Barbier de Séville* ; *Ivresses passées*, de G. Lemaire ; *Viens*, d'Auguste Holmès ; puis le duo de *Mireille*, avec Mme Grésy-Lammers. Nous avons eu ensuite le plaisir d'entendre cette dernière dans l'air d'Elisabeth du *Tannhäuser*, *Berceuse*, de Blockx, et le *Miracle de Jésus*, de Paladilhe.

M. Garrigan était chargé de mettre l'auditoire en joie ; il y a pleinement réussi.

Le piano d'accompagnement était tenu par M. Gillet qui mérita les meilleurs compliments dans cette tâche un peu ingrate.

— Les concerts symphoniques du Café de la Comédie, inaugurés cette année, en saison d'hiver, par le nouveau propriétaire, M. Viladomat, ont obtenu un franc et légitime succès. L'orchestre, composé exclusivement d'artistes Périgourdins, sous l'habile direction de M. Duffau, violoniste, est excellent. Un nombreux public, auquel les dames n'ont pas craint de se joindre, applaudit chaque soir les chefs-d'œuvre des maîtres anciens et modernes ainsi que beaucoup de morceaux de genre, dont l'exécution est toujours soignée.

L. M.

Tours. — Le *Secret de Polichinelle*, comédie de Pierre Wolf, a obtenu le meilleur accueil. Cette pièce spirituelle, montée avec soin, est interprétée de la façon la plus satisfaisante.

M. Montel, le sympathique directeur, en même temps qu'artiste de talent, s'est acquitté avec un réel succès du rôle de Jouvenel, père.

Félicitations également aux autres artistes, dont les rôles sont tenus tout à leur honneur. Th. B.

BIBLIOGRAPHIE

Les Epées de Fer, par *Maurice Montégut*, un vol. 3 fr. 50, Ollendorff. — Dans son nouveau roman, Maurice Montégut a voulu décrire la lutte ardente de la Bretagne fanatique défendant ses rois, ses nobles, ses prêtres contre la République, ses croyances ancestrales contre la raison. Étrange livre où l'auteur, tout en racontant très fidèlement une époque passée, fait véritablement œuvre d'historien actuel, d'une manière saisissante. Dans ce roman épique et tragique, d'un style somptueux, on est charmé par le goût impeccable d'un écrivain, né peintre et poète. C'est un livre qu'on voudra relire posément après une première lecture rapide à cause de l'intrigue poignante. *Les Epées de Fer* compteront parmi les meilleurs romans de Maurice Montégut.

* *

L'Epave Silencieuse, par *Jean Saint-Yves*. Ce roman est l'histoire, qui paraît véridique, d'un homme que les joies et les épreuves de la vie vont façonner. Cette histoire est émouvante et triste, depuis l'époque où l'auteur prend son héros à la sortie de Saint-Cyr, jusqu'à sa vie sentimentale dans une petite ville du Nord. Son cœur s'éveille aux choses d'amour tout d'abord, puis aux sentiments de tendre pitié pour tous ceux qui l'entourent et se fixe définitivement dans l'amitié exclusive de ses soldats. C'est un bon livre à la lecture réconfortante. (Ollendorff, éditeur, un vol. 3 fr. 50).

* *

La Môme Picrate, par *Willy*. — *La Môme Picrate !* Moins spécial que les inquiétantes Claudine, plus fouillé que la joviale *Maîtresse du Prince Jean*, ce roman au titre explosif fait du bruit. Et c'est justice. — Sous la conduite du célèbre Henry Maugis, Virgile alcoolique, mais averti de l'enfer parisien, le lecteur est conduit à travers des « Cercles » que Dante n'eut osé prévoir, depuis le Jardin de Paris, plein de danseuses effrontées, jusqu'à l'Asile d'Aliénés de Villejuif, où se déroulent des scènes d'une imprévue et turbulente gaieté.

Tout le monde voudra lire ce volume de Willy, pétillant d'une verve narquoise et féroce avec de charmantes échappées d'humour attendri ; Wely a dessiné une exquise couverture pour cette étude de mœurs relâchées, décrites en un style serré par un écrivain audacieux et maître de son art, qui se soucie moins de respecter le lecteur français que la langue française. Un vol. in-18, couverture illustrée 3 fr. 50, Albin Michel, éditeur, 59, rue des Mathurins, Paris. J.-P.

CHRONIQUE IMMOBILIÈRE

En SEINE-ET-MARNE. — A vendre superbe château avec chasse de mille hectares. Prix : 1.500.000 francs.

— Pavillon parfaitement construit et écuries, remises vacherie, fromagerie, poulailler, baignoire à canards, etc. Arbres fruitiers, ombrages Vue splendide sur la vallée de la Marne. Contenance superficielle : 2.000 m. environ, clos d'excellents murs. Grille d'entrée en fer forgé. Prix : 29,000 fr.

En SEINE-ET-OISE. — A vendre beau terrain d'angle. Contenance superficielle : 2,000 m. environ. Prix : 10,000 fr.

Nous avons toujours des capitaux à placer à 4 ½ % sur immeubles citadins et ruraux.

Ne nous occupant que d'affaires extrêmement sérieuses, lectrices et lecteurs feront bien de suivre régulièrement notre *Chronique immobilière*.

LATHUILE

P. S. — Pour tous renseignements écrire à M. Lathuile à l'*Europe Artiste*.

<hr>

CHEMINS DE FER DE L'EST

La Compagnie des Chemins de fer de l'Est délivre toute l'année des Livrets à coupons combinables, à prix réduits, de l'Union des Chemins de fer européens, permettant aux voyageurs de composer à leur gré un voyage sur les réseaux de l'Est, du Nord, de l'Ouest et de P.-L.-M., et dans les pays désignés ci-après : Allemagne, Autriche-Hongrie, Belgique, Bosnie, Herzégovine, Bulgarie, Danemark, Finlande, Grand-Duché de Luxembourg, Pays-Bays, Norvège, Roumanie, Serbie, Suède, Suisse et Turquie (*).

La réduction par rapport aux prix des billets simples atteint et dépasse 20 0/0.

Les principales conditions d'émission de ces livrets sont les suivantes :

L'itinéraire doit emprunter à la fois des lignes françaises et étrangères et ramener le voyageur à son point de départ initial ; il peut affecter la forme d'un voyage circulaire ou celle d'un aller et retour.

Le parcours tarifé ne peut être inférieur à 600 kilomètres ; la durée de validité des livrets est de 45 jours lorsque le parcours ne dépasse pas

2.000 kilomètres, elle est de 60 jours pour les parcours plus longs.

Les livrets doivent être demandés à l'avance ; il n'est pas concédé de franchise de bagages.

Les enfants âgés de 4 ans et moins sont transportés gratuitement, s'ils n'occupent pas une place distincte : au-dessus de 4 ans jusqu'à 10 ans, ils bénéficient d'une réduction de 50 o/o.

CHEMINS DE FER DU NORD

Paris-Nord à Londres

VIA CALAIS OU BOULOGNE
5 services rapides quotidiens dans chaque sens
Voie la plus rapide

Tous les trains comportent des 2es classes.

En outre, les trains de l'après-midi et de Malle de nuit partant de Paris-Nord pour Londres à 3 h. 25 soir et à 9 h. soir, et de Londres pour Paris-Nord à 2 h. 45 soir et à 9 h. soir, prennent les voyageurs munis de billets directs de 3e classe.

Paris-Nord à Londres

Paris-Nord, Londres,
départ   arrivée
1re, 2e cl. (a) (WR), *viâ* Calais   9 h. 55 m.   4 h. 50 s.
1re, 2e (a), *viâ* Boulogne.   10 h. 30 m.   5 h. 50 s.
1re, 2e cl. (a) (WR), *viâ* Calais   11 h. 20 m.   7 h. s.
1re, 2e, 3e cl. (du 1er juin au
31 octobre inclusivement),
viâ Boulogne . . . .   3 h. 25 s.   11 h. 05 s.
1re, 2e, 3e cl., *viâ* Calais . . .   9 h. » s.   5 h. 30 m.

Londres à Paris-Nord

Londres, Paris-Nord,
départ   arrivée
1re, 2e, cl. (a) (WR), *viâ* Calais   9 h. » m.   4 h. 45 s.
1re, 2e cl. (a), *viâ* Boulogne.   10 h. » m.   5 h. 50 s.
1re, 2e cl., *viâ* Calais . . . .   11 h. » m.   7 h. » s.
1re, 2e, 3e cl. (WR), *viâ* Boulogne (du 1er juin au 31
octobre) . . . .   2 h. 45 s.   11 h. 10 s.
1re, 2e, 3e cl., *viâ* Calais . . .   9 h. » s.   5 h. 50 m.

(a) Trains composés avec les nouvelles voitures à couloir sur bogies de la Compagnie du Nord, comportant water-closets et lavabo.

(W.R.) Wagon-Restaurant. Les voyageurs de première classe y ont seuls accès ; les voyageurs de deuxième classe n'y sont admis qu'en payant le supplément de deuxième en première classe.

Services officiels de la poste (viâ Calais)

La gare de Paris-Nord, située au centre des affaires, est le point de départ de tous les grands express européens pour l'Angleterre, l'Allemagne, la Russie, la Belgique, la Hollande, l'Italie, la Côte d'Azur, les Indes, l'Égypte, etc.

Nota. — Les indications concernant les heures étrangères sont données sous toutes réserves.

En prévision de modifications dans les horaires, consulter les affiches de service.

CHEMINS DE FER DE L'OUEST

BILLETS DE FAMILLE A PRIX RÉDUITS

DÉLIVRÉS TOUTE L'ANNÉE

des Gares du réseau de l'Ouest
aux Stations hivernales de la Méditerranée

Toutes les gares de la Compagnie des chemins de fer de l'Ouest (Paris excepté), délivrent aux voyageurs se rendant en famille (4 personnes au moins) aux stations hivernales suivantes du réseau de la Compagnie P.-L.-M. : Agay, Antibes, Beaulieu, Cannes, Golfe Jouan, Vallauris, Grasse, Hyères, Menton, Monte-Carlo, Nice, Saint-Raphaël-Valescure et Villefranche-sur-Mer, des billets d'aller et retour de 1re, 2e et 3e classes, valables 33 jours et pouvant être prolongés d'une ou de deux périodes de 30 jours, moyennant un supplément de 10 o/o par période.

Pour connaître le montant de la somme à payer pour ces voyages, il suffit d'ajouter au prix de six billets simples ordinaires le prix d'un de ces billets pour chaque membre de la famille en plus de trois.

Ainsi, une famille composée de quatre personnes ne paiera, aller et retour compris, qu'un prix égal à sept billets simples. Cinq personnes ne paieront que l'équivalent de huit billets simples, etc.

CHEMINS DE FER DE PARIS A LYON ET A LA MÉDITERRANÉE

Trains extra-rapides entre Paris & Menton

La Compagnie Paris-Lyon-Méditerranée mettra en marche tous les jours, à partir du 4 janvier, entre Paris et Menton, deux trains extra-rapides comportant des places de wagons-lits (sleepings-cars), de lits-salons et de 1re classe et partant, l'un de Paris à 7 h. 25 soir et l'autre de Menton à 7 h. 07 soir.

Trajet de Paris à Cannes en 14 h. 31.
Trajet de Paris à Nice en 15 h. 09.
Ces trains ont un nombre de places limité.

On peut retenir ses places d'avance, aussi bien en 1re classe qu'en compartiment de luxe, en s'adressant à la gare Paris-Lyon et aux bureaux de ville de Paris, rue Saint-Lazare et rue Sainte-Anne, à l'aller ; aux gares de Menton, Monte-Carlo, Nice, Cannes et Toulon, au retour.

Prime aux Acheteurs de L'ALBUM MUSICAL

Bibliothèque Musicale Économique

Par suite d'un marché considérable nous sommes en mesure d'offrir, à nos Abonnés et Acheteurs au numéro, une occasion exceptionnelle qui va leur permettre d'enrichir leur **Bibliothèque Musicale**, à des conditions exceptionnellement avantageuses.

Nous pouvons livrer, à lettre vue, la collection des **Vingt chefs-d'œuvre** de la musique, édition absolument conforme à l'édition originale, dont la liste suit :

TITRES DES OUVRAGES	Prix marqués brochés	TITRES DES OUVRAGES	Prix marqués brochés
Roméo et Juliette	20 »	Don Juan	15 »
Miss Hélyett	12 »	Noces de Figaro	15 »
Philémon et Baucis	15 »	Flûte enchantée	12 »
Reine de Saba	20 »	Norma	12 »
Pêcheurs de Perles	15 »	Orphée	10 »
Jocelyn	15 »	Richard Cœur de Lion	12 »
La Vivandière	20 »	Barbier de Séville	15 »
Martha	20 »	Freichütz	12 »
Salambo	20 »	Euriante	12 »
Le Rêve	20 »	Obéron	12 »

Cette magnifique collection qui serait vendue **brochée,** au prix de **trois cents quatre francs** sera livrée à tous les Lecteurs de *L'Album Musical* qui en feront la demande pour le prix de **Cent cinquante francs** seulement. De plus, nous offrons les vingt partitions richement **reliées** et la tranche supérieure dorée.

IL N'Y A RIEN A PAYER D'AVANCE

Les cent cinquante francs sont payables en trois fois : cinquante francs à la livraison de la collection complète et cinquante francs à la fin de chacun des deux mois qui suivront.

BULLETIN DE COMMANDE

à remplir et à retourner à M. le Directeur de l'ALBUM MUSICAL, 5, passage Violet, PARIS.

Veuilles m'envoyer la collection des *Vingt partitions indiquées ci-dessus, pour le prix à forfait de 150 francs, que je m'engage à payer de la manière suivante :*

50 francs à la livraison.

50 francs au _______________________ (30 jours plus tard.)

50 francs au _______________________ (30 jours plus tard.)

Le _______________________ 190

Nom : _______________________

Prénoms : _______________________   SIGNATURE :

Qualité ou Profession : _______________________

Demeurant à : _______________________

Département : _______________________

Gare la plus proche : _______________________

Le Gérant : ALFRED-LÉOPOLD FORTIN.   Imp. G. MERGAULT et Cie, 12, rue Martel, PARIS.

52ᵉ Année. — 2095   LE NUMÉRO : **30** CENTIMES   10 Mars 1904

L'EUROPE ARTISTE

Journal Illustré, Artistique, Littéraire & Théâtral

SOMMAIRE

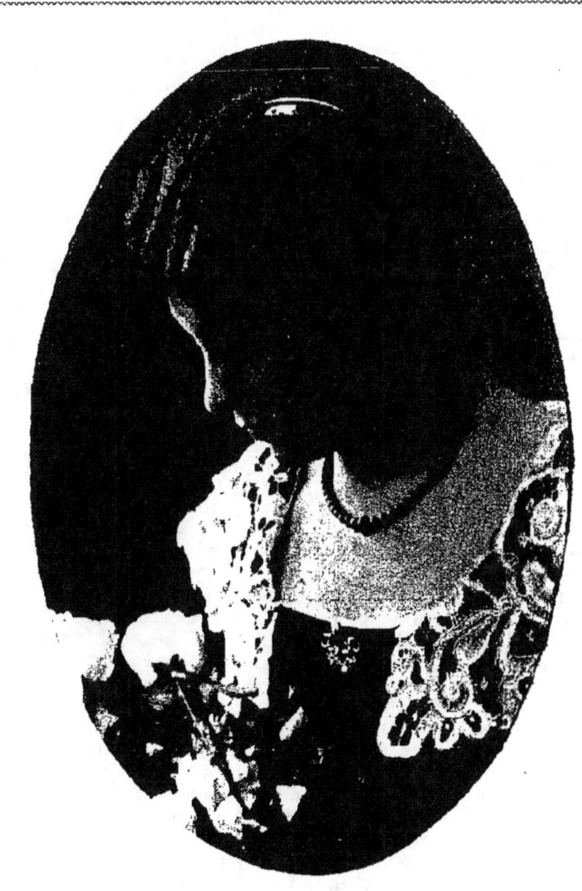

Mˡˡᵉ CLAIRE FRICHÉ, de l'Opéra-Comique

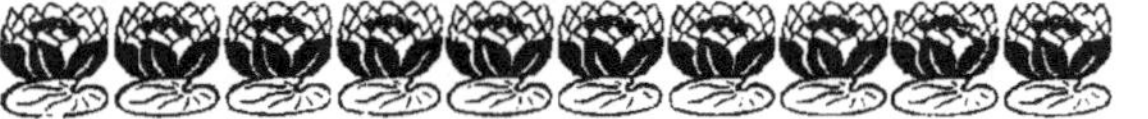

ABONNEMENTS :

Un an

France.................. **6** Fr.
Etranger .... **10** —

Paraît 2 fois par mois, le 10 et le 25

ADMINISTRATION ET RÉDACTION
5, Passage Violet (*29, rue d'Hauteville*). Paris (X^e)

Directeur : **JEAN-PASCAL**
Rédacteur en Chef : **TRISTAN LECLÈRE**

ANNONCES :

La ligne................. **2** Fr.
Réclames........... ...... **3** —

Les annonces sont reçues au bureau du journal

Une œuvre inédite de Bizet

DON PROCOPIO

La maison Choudens fait en ce moment procéder à la gravure d'une œuvre jusqu'ici inédite de Georges Bizet : *Don Procopio*, opéra-bouffe en deux actes, dont la partition vient d'être retrouvée à l'Institut, ce qui laisserait supposer que l'ordre n'a pas toujours été la caractéristique de la maison.

La mémoire de l'illustre Maître nous est trop chère pour que nous n'ayons pas essayé de rechercher la genèse de l'ouvrage nouveau dont la publication est proche. Il nous a paru intéressant de livrer à la publicité le résultat de nos recherches, qui n'ont pas été infructueuses. Les admirateurs du Maître défunt, à l'affût de tout ce qui peut toucher à leur idole, accueilleront, nous n'en doutons pas, avec plaisir, ces quelques lignes.

Don Procopio est une œuvre de jeunesse, commencée en 1858, durant le séjour du Maître à la Villa Médicis, et terminée à Rome, en janvier 1859, ainsi que l'atteste la lettre suivante de Bizet, datée du 11 janvier 1859 :

« Je travaille beaucoup, je termine un « opéra-bouffe italien ; je ne suis pas trop « mécontent, et j'espère que l'Académie « trouvera beaucoup de progrès dans mon « style. Sur des paroles italiennes il faut « faire italien ; je n'ai pas cherché à me « dérober à cette influence. J'ai fait tous « mes efforts pour être compris et distin- « gué, espérons que j'aurai réussi. J'en- « verrai pour la deuxième année la *Esmé- « ralda*, de Victor Hugo, et pour la troi- « sième une symphonie. Je n'élude point « les difficultés. Je veux mesurer mes forces « pendant que le public n'a rien à y voir ».

Cette œuvre doit être on ne peut plus intéressante puisque l'auteur déclare avoir voulu rester lui-même et n'avoir voulu sacrifier en rien aux goûts souvent malsains du public. Nous verrons ce que la critique pense de cet ouvrage.

Bizet était, dans sa jeunesse, gamin et musard en même temps que sérieux pour son travail, « ce travail chéri » qui le passionnait tant. Pendant les heures de loisir que lui laissaient ses travaux à la Villa, Il aimait à déambuler par les rues de la Ville éternelle, s'arrêtant, curieux, aux étalages de tous les bouquinistes qu'il bouleversait à la recherche de tout ce qui pouvait l'intéresser. Ce fut au cours d'une de ces sorties qu'il trouva un jour dans une boutique le livret italien d'un opéra-bouffe : *Don Procopio*, dont il s'empressa de faire l'acquisition, se promettant d'en écrire la musique. Bien que respectueux des obligations que lui imposait l'Académie le théâtre exerçait sur lui une invincible attraction, à laquelle, du reste, il ne cherchait pas à se soustraire. Il sentait que là seulement il verrait la consécration de son génie, et, ne croyant pas mal faire et désobéir, mais faire plus qu'on ne lui demandait, ce dont on peut ne lui faire un crime,

il étudia son livret et se mit résolument à l'ouvrage, écrivant, contrairement à la règle de la sacro-sainte Académie, la musique d'un opéra, alors qu'on ne lui demandait que celle d'une messe. Quelques mois lui suffirent pour terminer sa tâche, et, tout joyeux, il envoya à Paris son premier ouvrage, attendant le verdict avec confiance et résignation ; il ne se fit pas attendre.

Dans sa séance publique. de 1859, le rapporteur de l'Académie des Beaux-Arts, M. Ambroise Thomas, s'exprima ainsi : « Cet ouvrage se distingue par une touche « aisée et brillante, un style jeune et « hardi, qualités précieuses pour le genre « comique. Nous devons cependant blâ- « mer M. Bizet, ajoutait le rapporteur, « d'avoir fait un opéra, quand le règle- « ment demandait une messe. Nous lui « rappelons que les natures les plus en- « jouées trouvent dans la méditation et « l'interprétation des choses sublimes un « style indispensable même dans les pro- « ductions légères et sans lesquelles une « œuvre ne saurait être durable ».

Oh ! la règle, la forme, que c'est beau ! N'est-il donc pas assez ridicule d'imposer aux musiciens le séjour à la Villa, sans leur imposer encore le genre de leurs productions ?

M. Charles Pigot, auquel nous empruntons quelques notes précieuses, dans l'admirable étude qu'il a écrite sur Bizet, regrette la perte de la partition de *Don Procopio*. Il pourra donc se réjouir puisqu'elle va voir enfin le jour. Il ne sera pas le seul, du reste, car il aura avec lui les nombreux admirateurs du Maître si prématurément enlevé à la vie et à la gloire artistique de la France, qui fit en perdant Bizet une perte irréparable. C'est tout le moins que nous puissions faire de conserver pieusement ses œuvres.

ALBERT FOURÈS.

PORTRAITS CONTEMPORAINS

Mlle CLAIRE FRICHÉ

Si Mlle Friché venait, par malheur, a perdre son admirable voix, écrivait M. Henri Rochefort, au lendemain de la première représentation de la *Tosca*, à l'Opéra-Comique, la joie nous resterait de pouvoir applaudir encore l'émouvante tragédienne qu'elle demeurerait. Cette opinion du vieux pamphlétaire n'est pas indifférente, car il ne nous a point accoutumé à mettre sa plume redoutablement amère au service du talent et de la beauté. C'est infiniment regrettable, étant donnée la clairvoyance tout à fait inattendue de son jugement.

On s'accorde généralement à reconnaître en Mlle Claire Friché l'une de nos plus parfaites tragédiennes lyriques. La création à la Monnaie du rôle de Vita, dans l'*Etranger*, de M. d'Indy, la mit en vedette de telle manière que MM. Gailhard et Carré voulurent l'attacher chacun à son théâtre.

Elle est aujourd'hui à l'Opéra-Comique et M. Gailhard regrette de ne lui avoir point confié, à Paris, le rôle qui la fit justement apprécier à Bruxelles.

En outre de sa création inoubliable de la *Tosca*, Mlle Claire Friché s'est notamment fait connaître comme l'une des plus émouvantes interprètes de *Louise*. Peut-être nous sera-t-il donné de l'applaudir prochainement dans les *Pêcheurs de Saint-Jean*, de Widor...

JEAN-PASCAL

UN VIOLONISTE

L'Occident de février publie un très bel article de M. Adrien Mithouard sur le violoniste Léon Reynier. Nos lecteurs auront plaisir à lire cette page sur le violon :

« C'est qu'un joli violon, la sagesse de sa structure, la perfection de sa table d'harmonie, le galbe de ses filets et de ses éclisses, la profondeur lumineuse de son vernis et tant de détails dont pas un n'est superflu, voilà encore, conditionnée en toute exigence, une chose de l'Occident. Car enfin, trouverez-vous que cette forme décidée était bien naturelle ? S'offrait-elle spontanément au luthier ? A moins qu'elle ne soit la résultante d'une longue raison continue, comment fut-elle de la sorte arrêtée ? Serait-ce aussi par rencontre de hasard que cette boîte insolite rend des sons d'un si pur éclat ? Et n'est-ce pas à pleurer vraiment que cette petite merveille soit maniée à l'ordinaire par de si médiocres latinistes et de si méchants philosophes ! En réalité ce violon avec ses soixante-neuf pièces, c'est un chef-d'œuvre de charpenterie, assurant dans les conditions les plus heureuses de sonorité, la solidité dans la tension : regardez à l'intérieur, au point où le tout vibre et travaille, vous apercevrez une cheville debout : c'est l'âme ; toute l'activité de l'instrument frémit en elle et là est le nœud de sa vie. C'est en effet qu'il vit, grâce à du temps en lui accumulé, à force d'avoir été sublime d'intelligence en intelligence. C'est le « crwth » des anciens Bretons qui est devenu peu à peu la viole, et qui, parvenu à cette forme supérieure, par un nouveau progrès se fit « le petit violon à la française ». Il a été pétri par de successives caresses. Chaque génération musicienne l'a modifié un peu en y pleurant sa mélodie la plus voluptueuse. D'une délicatesse à l'autre, il en est venu mathématiquement à ces courbes serpentines. Mais quand le bel et volontaire objet eut atteint la plénitude de son type, il devint comme un dogme définitif et sacré, depuis trois siècles on n'y a plus rien changé. Oui cette petite chose passionnée, depuis si longtemps pressée par un amoureux effort, poussée d'une émotion à l'autre jusqu'à sa forme enferme vraiment en soi un grand frisson de vie. Le bois n'est-il pas d'ailleurs la plus vivante des matières ? Meurt-il jamais ? Un violon, mais cela a son humeur, son caractère et sa race. Que l'on frotte, que l'on étreigne un peu cette petite personne, son cœur s'échauffe et son timbre s'emplit. Délaissée, sa voix devient aigre ; elle s'éraille si l'on en use sans honnêteté. Je sais, moi, un stradivarius puissant et riche qui n'aime pas à jouer du Mozart et j'ai connu un

Amati, au son d'argent, dont au bout d'une demi-heure la parole se voilait, car il était las.. Aussi les Italiens mystificateurs ont-ils bien vite imaginé d'en faire un instrument démoniaque. Il y eut en Italie une école diabolique du violon: c'est Tartini écrivant son trille sous la dictée du Malin; c'est Paganini l'acrobate absurde et génial; c'est le nain Sivori, mystérieux, dérisoire, séducteur dont la naissance avait été hâtée conte la légende en ce point du moins vraisemblable, par l'impression que Paganini fit sur sa mère. Mais nous, le diable ne réussit qu'à nous faire rire: il ne joue pas de violon en France ».

ADRIEN MITHOUARD

Glycère a perdu son Amie

Par les sous-bois pleins de surprises,
Glycère perle ses chansons
Et va, cueillant à tous buissons
L'Azerolle ou l'aigre merise.

Le ciel met son manteau de soir
Et sa ceinture de nuées,
Quand la fillette exténuée
Voit qu'elle est seule et qu'il fait noir.

Parmi la forêt endormie
Glycère a perdu son amie.

Callirhoé ! Callirhoé !
Elle appelle en cherchant sa route,
Elle pleure, puis elle écoute,...
Mais l'Echo seul répond: Ohé !

Soudain mille prunelles jaunes
L'assiègent de leurs regards lourds ;
Et partout à pas de velours
Glissent les sylvains et les faunes.

Maintenant frigide et sans voix
Glycère gît au fond du bois.

Mais autour de l'enfant blêmie
Bruit un doux chuchotement
Et l'on entend distinctement:
Glycère a perdu son amie !

Alors, sur un rythme enjoué
De chaque arbre, de chaque roche,
Un appel court de proche en proche :
« Callirhoé ! Callirhoé ! »

Parmi la forêt endormie
Glycère a perdu son amie

Tant qu'à la fin la grande sœur
Qui la recherchait inquiète
Découvre vite la pauvrette
Et la réchauffe sur son cœur

Les faunes cachés sous les branches
Les suivent d'un œil amusé
Et, rieurs, envoient des baisers
A la double silhouette blanche.

JACQUES CONSTANT

M. LOUIS ERNAULT

M. Louis Ernault, le poète des *Deux Chants royaux* couronnés aux Samedis poétiques de l'Odéon, l'auteur de *Au palais de Cyrcé* vient d'affirmer une fois de plus son talent si personnel d'aède et de penseur.

La Tentation de vivre (1) sa nouvelle œuvre est un poème dramatique, d'expression intense, où s'agitent des êtres essentiellement simplifiés: non pas tant hommes que porte-paroles des idées et des passions, dans ce qu'elles ont d'hyper-métaphysique et de solennellement troublant. Une jeune fille atteinte de la peur de mourir, de l'effroi de tout ce qui périt, s'efface et se flétrit, de tout ce qui évoque la mort et

(1) Librairie de l'*Art Indépendant*.

qui se meurt de cette obsession maladive — est conduite par son père et son fiancé vers le saint ermite Ephraïm, ressuscité jadis par Christ, et que les croyances ont investi de l'immortalité divine. Ils sont là, pèlerins parmi tant d'autres pèlerins implorateurs de grâce, le père sceptique et flottant, le fiancé croyant et tranquille, la fille hystériquement en proie aux doubles tortures de la jalousie et de la peur.

Cependant autour d'eux les passions humaines s'agitent; le bohémien et la bohémienne s'étreignent dans l'impudeur candide de leur amour, la foule anxieuse des grâces attendues prie, s'irrite, insulte le sauveur qui tarde : « Lui est là-haut, dit-on, en prière sur les monts. »

Un homme passe parmi cette cohue fanatique, c'est Ashaverus condamné par Christ à la vie errante. C'est le classique Juif-Errant de la légende : mais révolté, blasphémateur, orgueilleux de son châtiment, insensible à la maladie et à la mort qu'il se joue à tenter constamment. Il jette à tous ces gens le cri du doute et de la négation ; et quand tous sont soulevés contre le saint, contre l'immortel, il gravit la montagne et redescend triomphant vers le peuple : Ermite, il n'y est plus ! l'Immortel a disparu.

La vérité est que l'immortel se meurt.

Pour mourir il s'est retiré dans la Vallée des Tombeaux. Il prie, et sa prière redit toutes les tortures de sa vie sainte, tous les renoncements douloureux de son apothéose. Cet Ephraïm, accablé de sa grandeur et de sa divine mission, évoque invinciblement le souvenir de la magnifique figure du Moïse d'Alfred de Vigny.

« Mon Dieu vous m'avez fait puissant et [solitaire !
« Laissez-moi m'endormir du sommeil de la [terre.

Mais la foule s'avance vers le mourant qu'elle poursuit de ses désirs, de ses espérances, et de ses angoisses. C'est d'abord Lia la fille hystérique et avide de vie qui s'apercevra que l'immortel va mourir et qui s'en effare. Puis c'est Ahasver qui surgit pour reprocher au prophète mourant son unique faute, son unique péché commis au milieu des résurrections sans nombre que le pouvoir de Dieu fit par lui: l'Orgueil de l'immortalité, la tentation de vivre éternellement et de démentir ainsi les lois divines de la nature. Et son châtiment fut d'attendre pour mourir la rencontre de l'éternel damné : le Juif Errant. Les temps sont accomplis; il expire.

Dès lors c'est le délire sans espoir pour Lia. La peur de mourir la tord en des crises toujours plus furieuses; la jalousie s'y mêle et elle frappe son fiancé d'un couteau pour empêcher qu'il ne lui survive. Après l'acte violent, la raison reparaît, elle s'épouvante dans son crime.

Soudain, non pas le fantôme, non pas l'ombre, mais Ephraïm, le prophète lui-même, essence, âme astrale, apparaît, tandis qu'au fond du théâtre sa dépouille corporelle est couchée dans la mort. Il vient pour ressusciter Manné, guérir Lia et confondre par le témoignage de son immortalité spirituelle le blasphème d'Ahasver.

Ce drame métaphysique de M. Louis Ernault, dont on peut contester les tendances spiritualistes, n'en est pas moins d'un puissant intérêt pour les problèmes qu'il soulève et pour la hautaine conception qui y préside. On y trouve la preuve que les idées les plus abstraites comme les constatations scientifiques les plus précises n'échappent pas à la domination du Verbe poétique. C'est ainsi que Lia en quelques vers, résumera d'une façon saisissante ces phénomènes de l'hystérie qui la convulsent avec une effrayante précision.

« Ah mon cœur... je le vois
« Monter... comme dans l'eau... mon cœur
[il se dilate
« Comme un gros fruit... trop mûr... Mon
[cœur... mon cœur éclate
« Je me meurs... je me meurs...

D'ailleurs dans toute l'œuvre se révèlent une science consommée du rythme, une maîtrise si souple et si sûre qu'elle peut se permettre

les plus vertigineux efforts (ou mieux essors) par lesquels de moins expérimentés succombaient dans l'incompréhensible.

M. L. Ernault est si sûr de son art et de l'inspiration qui le porte, qu'il peut revenir sans crainte aux effets qui lui sont chers et qu'il nous rend toujours plaisants. Tout autre que lui, à prodiguer l'artifice si périlleux de l'enjambement tomberait dans la monotonie et l'ennui. C'est un écueil où jamais sa nef poétique ne touche. Elle vogue en pleine gloire et en pleine lumière, dans la beauté.

ALEXANDRE MERCIER

La Quinzaine Théâtrale

Oiseaux de passage, cette résultante curieuse d'une collaboration inattendue qui place sur une même affiche, sous un même titre les noms de MM. Maurice Donnay et de Lucien Descaves, occupe en quelques sorte toute l'attention du public des théâtres et de la critique. M. André Antoine en lui donnant le cadre de son théâtre a-t-il voulu préciser l'autinomie que cette œuvre semble marquer entre les étapes extrêmes du début et du succès consacré de ses efforts ? J'imagine volontiers qu'il n'y a point songé, et qu'il a obéi au sentiment louable de contribuer à l'affermissement de la notoriété de deux d'entre nos écrivains les mieux doués. Dans cette série de scènes où l'observation brutale de l'auteur des *Emmurés*, sociologue malheureusement si peu renseigné en matière d'assistance se laisse entrevoir, mais qu'affinée par le brio spirituel qui trahit la salacité propre à M. Maurice Donnay ; dans cette comédie enfin , il est question d'une famille bourgeoise entrainée par on ne sait quel fluide inconnu, vers le mouvement anarchiste. Il a suffi d'un voisinage éphémère, de la présence dans une pension de famille, de deux nihilistes femmes, pour transformer, pour retourner la cervelle d'un Lafargue, et ouvrir ce foyer paisible à l'une de ces étrangères.

Il n'est pas besoin d'aller à Genève pour être témoin de ces anomalies dont le snobisme actuel nous a rendu si souvent témoin ici même. L'anarchie salonnière a permis à d'aucuns de s'apparenter fort agréablement à des familles haut côtées. Ils en ont été quittes pour, à l'exemple de Clovis, brûler ce qu'ils avaient adoré. C'est un résultat connu de la loi physique des niveaux. Ici, grâce à des ficelles plus ou moins puériles notamment une viduité supposée et dénoncée au moment propice l'ordre bourgeois un instant troublé, reprend sa prépondérance. Cette Vera qui fait parfois songer à l'autre, à la Vera Gelo dont les murs du Collège de France ont assourdi les plaintives clameurs, n'épousera pas le fils de famille qui caressa quelque temps l'espoir de trouver en elle la belle fille exotique de ses rêves. Conclusion négative, par sa passivité même, et qui nous permet d'applaudir une fois de plus au talent d'Antoine et de Matrat, et de remarquer les qualités dramatiques d'une jeune artiste d'avenir, dont les moyens extrêmement variés sont de nature à la placer bientôt en vedette ; j'ai nommé Mlle Van Doren.

ALCANTER DE BRAHM

Le manque de place nous oblige à remettre au prochain numéro, le compte-rendu des représentations du *Petit Eyolf*, au Théâtre de l'Œuvre.

La Quinzaine Musicale

La destinée de M. Vincent d'Indy restera un éternel sujet d'étonnement pour les générations futures. L'auteur de *Fervaal* eut assurément pour marraine une puissante fée. La photographie a popularisé son front soucieux et sa main aristocratique qui joue avec une cigarette. Ne vous y trompez point : ce n'est pas une cigarette ! C'est quelque merveilleux talisman à qui sont conférées de magiques vertus ! Comment expliquer, en effet, sans l'intervention d'un sortilège les surprenantes anomalies de cette carrière artistique ?

M. Vincent d'Indy est un musicien austère et distant. Son écriture est complexe : il a le contrepoint âpre et cruel. Il choisit des sujets lourds de symboles et les traite avec une hautaine maladresse. Son style est rempli de superbe et ses thèmes affectent un héroïsme abscons. Nulle recherche de l'effet facile, nulle concession à la niaiserie publique. Dans l'état actuel de nos mœurs, un tel artiste devrait être fatalement voué au mépris de la gent critique et à l'exécration des foules. Il n'en est rien, pourtant. Les plus ignorants plumitifs entonnent sa louange, les musiciens amateurs implorent sa protection, des écoles sortent de terre sous ses pas, la province s'emplit de ses fervents disciples et la foule, elle-même, si elle s'écarte de l'Opéra aux représentations de *l'Etranger*, le fait en silence et avec une sorte de terreur religieuse. Le torrent d'invectives qui submerge chaque jour les œuvres modernes n'a jamais menacé celles de M. d'Indy. Lorsque ses auditeurs s'ennuient, ils s'ennuient respectueusement.

Nul, pourtant, ne soutiendra sérieusement que la répétition générale de *l'Etranger* constituait pour les habitués de ces cérémonies, boulevardiers et critiques, un spectacle plus récréatif que *Pelléas et Mélisande !* Et cependant ce sont précisément ces gens-là, les siffleurs de *Pelléas*, qui acclamèrent bruyamment l'œuvre de Vincent d'Indy et en exaltèrent la sublimité. Un curieux communiqué du *Courrier des Théâtres* nous apprit, à l'époque, que le petit personnel de l'Opéra, figurants et machinistes, ne pouvait contenir son émotion et pleurait de joie en entendant se heurter et se chevaucher de si nobles contrepoints ! Assurément il y a de la magie noire dans tout cela : la cigarette est bien talismanique !

Il n'est plus permis d'en douter après l'accueil fait, chez Chevillard, à la *Symphonie en Si bémol*. Certes, il faudrait n'avoir jamais écrit une note de musique pour se permettre de juger une telle œuvre après les deux seules auditions qu'en donna l'excellent orchestre, mais il semble bien, dès l'abord, que cette œuvre nouvelle de Vincent d'Indy doit suggérer les mêmes réflexions que ses compositions précédentes.

Cette symphonie inspire le respect. C'est un monument considérable qui témoigne d'une probité et d'un labeur dignes d'une sincère estime. Mais pourquoi M. d'Indy a-t-il des amis si maladroits et des élèves si dangereux ? Leurs jugements olympiens appellent les restrictions nécessaires. Osons en énumérer quelques-unes, au risque d'attirer sur nous le feu du ciel.

M. Vincent d'Indy est un Parnassien. Il est le musicien impassible en face de la Vie et garde, en art, une attitude noble, froide et supérieure. Ne cherchons pas à déterminer si c'est bien là un splendide idéal pour un créateur et s'il n'est pas préférable de s'abandonner à l'ardent tourbillon des souffrances et des joies, de pleurer, de grimacer, de hurler et de rire ! Chacun en jugera d'après sa complexion nerveuse. Mais il est certain que M. d'Indy a pris parti. Il a le culte de la forme et le souci de la beauté linéaire. Il est un peu architecte et construit ses développements comme des palais à sept étages. Chose prodigieuse, le sens pour lequel ce musicien semble avoir le plus de respect est moins l'ouïe que la vue ! Rien n'est plus agréable à l'œil que d'admirer, le long des portées, l'enchevêtrement de ses thèmes, leur morcellement, l'emploi de leurs fragments étirés, puis condensés puis assouplis de cent manières. Mais le compositeur semble beaucoup moins se soucier de l'âpreté de ces agrégations de notes et de la désespérante froideur de cette architecture sonore, à l'audition passive. Il faut bien avouer, en outre, que ces thèmes eux-mêmes sont le plus souvent artificiels et dépourvus de toute spontanéité. M. Vincent d'Indy qui se complaît aux terrifiantes polyphonies, n'est point encore blasé sur les lieux-communs de la ligne mélodique et fait choix souvent d'une phrase insignifiante pour fonder ses prodigieux édifices. Gabriel Fauré a écrit sur ce sujet un admirable article dont on devrait voter l'affichage dans toute la rue Saint-Jacques ! Ce serait une mesure d'utilité publique. Le plus amer reproche que l'on puisse faire, en effet, à Vincent d'Indy est de nous laisser la génération des d'Indystes. Ce très probe artiste est le plus dangereux des éducateurs. Malgré l'indépendance et le désintéressement de son enseignement, son écriture hypnotise ses élèves et nous avons trop entendu déjà leurs œuvres savantes et mornes, leurs superpositions obstinées de contrepoints renversables et leurs développements arides et démesurés où la rhétorique musicale remplace trop volontiers la pensée et l'émotion. Qu'importe l'harmonie pourvu qu'on ait un thème à tous les étages ?... Certes c'est la rançon de toute maîtrise que de susciter une clientèle de disciples maladroits. Toute une génération de compositeurs a « fait du Fauré » une autre « fait du Debussy » ; à coup sûr ce n'est pas plus personnel que de faire du d'Indy... mais c'est toujours plus agréable à entendre !

Telles sont les sombres cogitations qui me gâtèrent l'audition de la *Symphonie en Si bémol* et m'empêchèrent d'y goûter une joie sans mélange. C'est à peine si je pus prendre plaisir à noter dans l'orchestration de cette œuvre un effort constant vers la clarté et la plénitude des sonorités et de très heureux mélanges de timbres. Cet orchestre s'exprime bien, même lorsqu'il dit des choses désagréables. Et, au fond, ce qu'il y a de pire dans cette symphonie ce sont ses auditeurs ! Sans leurs ridicules pâmoisons et leur agaçant mépris de toute autre musique on n'éprouverait nullement le besoin de tenir un si long discours sur cette œuvre très estimable qui a fort bien le droit de n'être pas géniale.

Il fut parfaitement insupportable, par exemple, de voir la *Schola* triomphante continuer bruyamment l'éloge du Patron pendant l'exécution des trois délicats *Poèmes maritimes* de Georges Hüe qui figuraient au même programme. Assurément, M. d'Indy apprendra fort consciencieusement à ces jeunes hommes leur métier de musicien, mais je persiste à croire qu'ils ne perdraient pas leur temps en écoutant la fluidité descriptive et les exquises sonorités de l'orchestration de Georges Hüe. Voilà de l'art vivant, ému et véritablement humain. Dans ces trois pièces, comme dans la délicieuse *Suite* extraite de *Titania* on retrouve cette vision intense de la nature, ce sens profond des aspects musicaux d'un paysage, ce charme enveloppant des timbres et cette saveur d'harmonies qui font de ce compositeur un des maîtres de l'impressionnisme moderne.

Il est tout aussi insupportable de songer que ma trop longue harangue me prive du plaisir de signaler l'audition, aux concerts Le Rey de deux mélodies d'Alfred Casella, ce musicien de 20 ans qui a eu déjà comme virtuose et comme compositeur, une carrière qu'envierait tel maître chenu. La charmante Alice Wulff en fut une si délicieuse interprète qu'on ne s'aperçut pas de la mauvaise volonté de l'orchestre qui, toujours hostile à un jeune compositeur, commit envers lui une véritable trahison. Les cornistes, en particulier, dont je tiens à signaler la noble conscience artistique, ne daignèrent même pas élever jusqu'à leur lèvre dédaigneuse l'embouchure de leur instrument et se contentèrent de regarder tranquillement le public ! Il me faudrait dire aussi l'accueil chaleureux fait au dernier concert de la « Nationale » au *Quatuor* de Maurice Ravel, sur lequel je reviendrai plus longuement dans un prochain article. Il faudrait noter le succès remporté à Bruxelles par Viñès à la soirée de la « Libre Esthétique » où il joua les *Estampes* de Debussy, comme lui seul sait les jouer, et où il fit applaudir des œuvres de Séverac et de Ravel à un public enthousiasmé. Il faudrait remercier M. Jean Périer, l'admirable artiste, d'avoir donné à l'un des derniers « Samedis Victor Hugo » une inoubliable interprétation des adorables mélodies de Duparc, d'une mélancolie et d'une intensité d'expression presque surhumaines... Certes, il faudrait !... Mais la place est prise.

Tout cela n'arriverait pas si M. d'Indy n'écrivait pas de Symphonies en si bémol. Ce musicien est un bien grand coupable ! Et vous voudriez, après cela, que je me convertisse à sa religion et abjure mes erreurs entre les mains de Bordes, son archiprêtre ?... Plus souvent !...

EMILE VUILLERMOZ

NOS « MILLE REGRETS »

M. Albert GRAFF

(Gymnase)

Quel est le Parisien qui ne connaît pas Graff ?

Mais c'est Graff déjà célèbre par les brasseries de Montmartre et de la Gare St-Lazare, c'est surtout Graff du Gymnase.

Ce n'est pas un secrétaire accidentel, c'est un secrétaire par vocation ; toute la vie de Graff n'a été, en effet, qu'un long secrétariat : militaire, politique, littéraire et artistique. Avant d'être secrétaire général au Gymnase, il a été secrétaire d'un général ; au régiment il déserte la chambrée pour le secrétariat de l'Etat-Major ; dans le civil, il est secrétaire dans diverses Associations politiques.

Malgré cela, ou à cause de tout cela, Graff est le plus aimable et le plus jovial des Parisiens de Montmartre... et de Paris. Il aime la vie, car la vie l'aime lui aussi, et lui sourit. Il ne sait rien refuser, car il ne s'est jamais rien refusé et on n'a jamais pu rien lui refuser. Graff est séduisant. Graff est irrésistible. Aussi la formule classique de « *mille regrets impossible* » ne fait point partie de son vocabulaire. Les pièces à succès font son désespoir, car la dame préposée à la location lui chipe tous ses billets de faveur.

Personnellement décoratif, il est constellé des décorations les plus somptueuses et les plus exotiques ; et bien que sa brillante carrière de guerrier pacifique ne lui ait valu que le grade de soldat de 1re classe dans la réserve, il est Officier de l'Instruction Publique dans le civil.

Du reste son nom le prédisposait à être le meilleur ami du monde : dans les langues anglo-saxonnes Graff veut dire comte, et tout le monde sait que les bons « comtes » font les bons amis.

S. DEBALTA.

A ROTTERDAM

SELENEIA

Dans son concert de février la « Société pour l'encouragement de l'art musical » à *Rotterdam* (Hollande) donnait *Seleneia* (1), drame musical en un acte d'*Emile von Brucken-Fock*. Par l'exécution de cette œuvre la soirée a pris une réelle importance, dépassant le lieu et la circonstance, et elle mérite d'être mentionnée dans cette publication. En effet, parmi les rares œuvres dramatiques musicales conçues dans l'esprit de Wagner, ce drame occupe une place toute spéciale, autant pour sa beauté classique que par sa pureté et son élévation, qui ne se démentent jamais, même dans l'expression des plus violentes passions. L'action se déroule dans l'ancienne *Grèce;* le sujet c'est l'amour de « *Selencia* » fille de la reine des Amazones « *Moira* », pour « *Héros* », et sa mort, quand elle apprend que celui-ci a été tué par « *Moira* », qui s'est vengée ainsi de son ancien amant, le père de « *Héros* ». Ce sujet, mis en vers par *M. Constant, Emile von Brucken-Fock* en a fait un chef-d'œuvre où abondent les nobles beautés de pensée et de forme, les analyses de sentiment, admirables de finesse psychologique, par des motifs, sans cesse diversifiés de couleur et de structure, artistement combinés et variés.

Malgré la subtilité apparente de sa construction, et bien que les effets de lumière, de costume, etc., destinés par le compositeur à renforcer le drame fussent nécessairement supprimés, cette musique est si claire, si transparente, que le public de la salle, comble ce soir-là, a suivi avec une attention soutenue ce drame intime, rendu par les sons. Telle est la *puissance d'expression* de ces émouvantes mélodies, que les sentiments humains et naturels : l'amour (Seleneia), la douleur, la haine et la vengeance (Moira), l'héroïsme jeune et l'amour qui va jusqu'à l'extase (Héros), rendus par les instruments dans une orchestration géniale, et par la partie chantée, traitée très délicatement, vibrent et se répercutent jusqu'au plus profond de nos cœurs.

Les solistes, *Maria Seret* (Berlin) « *Seleneia* », madame de *Haan-Manifarges* (Rotterdam) « *Moira* » et *Feyssen* (Hambourg) « *Héros* », étaient à la hauteur de leurs tâches respectives : *Feyssen* surtout s'est montré sous tous les rapports un « *Héros* » accompli. L'orchestre d'*Utrecht*, sous l'intelligente et entraînante direction de *M. Verhez*, s'est en général acquitté admirablement de sa partie. Notre éminent chef d'orchestre a droit à toute notre reconnaissance pour nous avoir fait connaître ce chef-d'œuvre dramatique musical, qu'il serait désirable de voir représenté ainsi en *France*.

Une traduction *française* du texte est terminée et paraîtra prochainement.

MARIE BERDENIS VON BERLEKOM

Les Revues

A la *Plume* des notes de Charles Saunier sur l'Art décoratif et d'amusants souvenirs de Stuart Merrill sur le symbolisme. En passant il conte comment fut corrigée la version française de la *Salomé* d'O. Wilde :

« Un jour O. Wilde me remit son drame qu'il avait écrit très rapidement, de premier jet, en français, et me demanda d'en corriger les erreurs manifestes. Ce ne fut pas chose facile de faire accepter à Wilde toutes mes corrections. Il écrivait le français comme il parlait, c'est-à-dire avec une fantaisie qui, si elle était savoureuse dans la conversation, aurait produit au théâtre une déplorable impression. Un ami me racontait récemment qu'en sa présence, Oscar Wilde termina le récit des aventures

d'un roi (car les héros de Wilde étaient toujours des rois) par cette phrase : « Et puis, alors, le roi il est mouru. »

» Je corrigeai donc comme je pus *Salomé*. Je me rappelle que la plupart des tirades de ses personnages commençaient par l'explétif : *enfin !* En ai-je assez biffé, des *enfin* ! Mais je m'aperçus bientôt que le bon Wilde n'avait en mon goût qu'une confiance relative, et je le recommandai aux soins de Retté. Celui-ci continua mon travail de correction et d'émondation. Mais Wilde finit par se méfier de Retté autant que de moi, et ce fut Pierre Louys qui donna le dernier coup de lime au texte de *Salomé* ».

Dans l'*Art Décoratif*, des notes de Gustave Soulier, Emile Sedeyn, un article de Tristan Leclère sur les dessins de Paul Renouard au musée du Luxembourg, et une très bonne étude d'Henri Frantz sur le peintre suisse E. Bièler.

T. K.

ÉCHOS DE PARTOUT

DÉPARTEMENTS

ALGER. — *Charles Morati.* — Dernièrement, il nous a été donné d'entendre M. Ch. Morati. Morati ? direz-vous, connaissons pas. Je le sais, mais retenez bien ce nom, Morati est un jeune ténor algérois qui n'a pas encore 30 ans. Elève du Conservatoire de Paris, il en est parti sans prix, c'est vrai, mais que d'artistes illustres ont été dans ce cas !

Charles Morati a le médium plein, doux et velouté ; l'aigu sort sans efforts, sans cris, sans ce « écoutez-moi ça » qui souvent est le seul talent de beaucoup de ténors. Morati ne cherche pas à *épater*, il cherche à plaire ; il ne cherche pas à se faire valoir, il cherche à rendre la pensée de l'auteur. Cependant faut-il un ut, un ut dièze même, Morati est encore là et à l'instar des Duprez, des Tamberlick, des Duc, il vous lance sans pause la note demandée.

J'ajouterai que sans répétition, sans raccord il a chanté (et il était malade !) Sigurd au pied levé; il y avait 15 jours seulement qu'il avait la partition en mains.

Est-ce à dire que Ch. Morati est un grand chanteur ? Pas encore, mais je vous le répète, retenez bien son nom, il sera illustre un jour. Je le dis d'autant plus facilement que je n'ai pas l'honneur d'être un ami de notre ténor, ce que je regrette, car il paraît qu'il est aussi aimable qu'il est artiste et qu'avec lui toute pose est interdite.

H. C.

Nous sommes heureux d'apprendre la nomination de M. Henri Cousin, notre actif correspondant à Alger, au poste de directeur artistique du Petit Athénée. Nous lui adressons nos plus sympathiques félicitations.

ANGERS. — *Grand Théâtre;* La première représentation de *Sohar*, l'opéra inédit de M. Maurice Claudius a eu lieu devant un public d'élite, qui s'était empressé de venir entendre l'œuvre du jeune et sympathique 1er chef d'orchestre, dont la très belle musique a été appréciée à sa juste valeur par le Tout-Angers artiste. Grand et légitime succès pour le compositeur, vaillamment secondé par nos excellents artistes : Mlle d'Heilson, admirable comme toujours, Mme Guerty, MM. Gautier, Bailly et M. Ernst qui a trouvé des accents dramatiques d'une puissance et d'un effet remarquables. Très bon ensemble de chœurs. Quant à l'orchestre il a été lui-même et c'est le plus bel éloge qu'on puisse adresser à notre vaillante phalange instrumentale. Après le baisser du rideau, l'auteur rappelé d'enthousiasme est venu en scène accompagné de Mlle d'Heilson et de M. Gautier, a a été l'objet d'une véritable ovation bien méritée.

Théâtre Cirque. — Dimanche très belle soirée avec un spectacle monstre — *Marie-Jeanne* drame, et l'*Abbé Constantin* comédie — le drame populaire d'Ennery a valu de chaleureux bravos à MM. A. Morel (Bertrand) Val-

lée-Waldy l'amusant jeune 1er comique, Bringeon (Appiani) ainsi qu'à Mme Pugeolle (Marie-Jeanne) M. Bonnelly dans l'abbé Constantin a été comme toujours le comédien consciencieux, convaincu et... applaudi. M. Danis l'excellent jeune 1er rôle a été fort goûté dans le rôle de Jean Raynaud, dans le personnage du fêtard Paul de Lavardens M. Vallée-Waldy a montré des qualités de bon comédien. Côté des dames : citons avec éloges Mme Lalbarede une Mme Scott fort originale et Mlle Eva Marcy une blonde et adorable Bettina, ensemble bien complété par MM. Bringeon, Dieudonné, Mmes Schils et Danis.

A bientôt le *Contrôleur des Wagons-lits* et les *Deux Gosses*, au Grand Théâtre à l'Etude : *En Colonne*.

H. W.

CLERMONT. — *La Jeunesse Populaire.* — Dimanche 28 février a eu lieu au Théâtre de Clermont devant une salle absolument comble, le concert donné par « *La Jeunesse Populaire* ».

Cette fête a été réussie en tous point et ceux qui y ont contribué ont dû se trouver largement récompensés par la satisfaction que leur a témoigné le public.

En résumé bon début pour la jeune Société qu'est la Jeunesse Populaire, gros succès pour le Président M. Delie et pour les jeunes artistes qui la composent.

On ne peut donc que souhaiter à tous bonne chance et bonne continuation.

MARSEILLE. — *Opéra Municipal.* — Le *Great event*, de la quinzaine écoulée, a été la première des *Maîtres chanteurs*. Malgré un peu d'obstruction, faite lors de la première représentation, par les adversaires, très nombreux à Marseille, de la musique wagnérienne on peut dire que le succès a été complet. Un peu de snobisme se mêle certainement à tout cela. Et, qui applaudit, serait certainement bien en peine, d'expliquer la cause de son enthousiasme, mais enfin la foule accourt et l'œuvre fait recette. Il est vrai de dire que M. Valcourt ainsi que M. Almanz ont fait preuve d'un goût et d'une minutie de détails, dont il convient de les féliciter.

L'orchestre dirigé par M. Miranne fut impeccable comme toujours, mais les chœurs nous surprirent et ont droit à des félicitations sans restriction aucune. Disciplinés aux attaques, alertes aux réparties, vibrants, superbes d'entrain et de tenue, nos choristes se sont vraiment surpassés.

Félicitons Mlle Strasy, toujours sur la brèche et qui a tiré du rôle d'Eva, pas du tout dans sa voix, le meilleur parti possible. L'obligation de modérer son organe, paralysait un peu les effets ; mais l'intelligente artiste, sait donner à chacun de ses rôles, un cachet si personnel, qu'elle force les applaudissements, Mlle Charbonnel, sous les traits de Magdeleine, a obtenu un légitime succès. Peut-être est-elle un peu jeune, pour tenir un rôle de duègne; mais peut-on lui en faire un reproche ? Du côté des hommes, le succès ne fut pas moins vif, ni moins justifié ! M. Henderson, a bien l'organe des ténors wagnériens. M. Bouxman, grâce à sa parfaite diction et à sa grande intelligence, est un Pogner merveilleux. MM. Godefroy, dans le rôle burlesque de Beckmesser, Régis dans celui de l'apprenti David ; Cargue en questeur de la maîtrise, ont su être à la hauteur de l'œuvre.

M. Rothier, a étonné dans le rôle de Hans Sachs, par la façon dont il a heureusement modifié sa manière vocale et ses tendances scéniques.

Succès donc, sur toute la ligne.

Variétés. — *Les Dragées d'Hercule*, vaudeville en 3 actes de Bilhaud et Hennequin, a été joyeusement enlevé par la troupe des Variétés.

Mlle Lély, a des envolées batifolantes, Mlle Blanche Ollivier, est d'une cocasserie épique et débordante, dans son rôle d'ancienne chanteuse. M. Luguet, transformé pour la circonstance en comique, s'est montré adroit. Son compère Bonarel a été divertissant; et Jipay campe drôlement une figure de vieux commandant.

Les autres rôles sont tenus comme il convient par Mlles Barral, Gilda, Paulus ; MM. Fernal, Cosset, Michel de Bougard et Pougy.

Gymnase. — *Le Sire de Vergy.* — Cette bouffonnerie, éclose du cerveau de Caillavet et de Flers, nous ramène au beau temps de la vieille opérette. Terrasse, broda là-dessus une musique séduisante, souvent d'un tour original et très captivante, que l'orchestre traduisit avec bonheur.

Mais grand Dieu ! quelle interprétation ! Je mettrai de suite hors de cause : M. St-Léon, qui incarna le Sire de Vergy avec cette *vis comica*, cette cocasserie dont il a le secret et qui le mettent hors de pair. Son départ pour la croisade et son retour, lui fournirent l'occasion, de donner libre cours à sa verve.

Mais, quel vide sur la scène, pendant son absence ; car à part Mme Saulois, assez drôle en princesse Mitzy et Mlle Deschamp, une charmante princesse Yolande ; le reste de la troupe fut terne.

Je regette de dire des choses désagréables à M. d'Albert, qui est un directeur fort aimable ; mais trop intelligent pour ne pas être de mon avis.

H. DU PUISAT.

TOULON. — *Grand Théâtre.* — Le succès des *Saltimbanques* et du *Secret de Polichinelle* va toujours croissant, aussi ces deux pièces ont-elles tenu l'affiche durant presque toute la quinzaine.

Noté en outre une excellente première de *Maître Pathelin*, le délicieux opéra comique de François Bazin et une très bonne reprise du *Voyage en Chine*.

Ruy Blas, donné le mardi 1ᵉʳ mars au bénéfice de M. Albert Charny, le sympathique 1ᵉʳ rôle et régisseur de comédie de notre première scène, a obtenu un très grand succès.

Casino. — Toujours foule dans notre coquet Music hall du boulevard de Strasbourg, mais aussi combien divertissants sont les spectacles que nous permet d'applaudir M. Pellegrin le sympathique directeur.

MÉPHISTO.

TOURS. — *Théâtre Municipal.* — Fort belle soirée donnée par la troupe de l'impresario Patris, qui a représenté « *Ruy Blas* », le beau drame en vers de Victor Hugo.

Le rôle écrasant de *Ruy Blas* était tenu par M. Albert Lambert fils, le célèbre sociétaire de la Comédie-Française. Il l'a rempli avec tout le talent qu'on lui connaît ; tour à tour si tendre, si passionné, si tragique, il a obtenu un succès triomphal.

M. Jean Froment s'est bien comporté dans le rôle de don Salluste, qu'il a joué de la façon la plus heureuse, en évitant de tomber dans le mélodrame.

M. Patris, dans don César de Bazan, a semblé trop moderne. Les vers de Victor Hugo exigent un organe plus étoffé, plus vibrant que celui de M. Patris, malgré toute son habileté de comédien.

Mlle Laure Fleur, de l'Odéon, a tenu le rôle de la reine d'Espagne avec beaucoup de tact et sans se départir de son jeu très égal.

Les autres artistes de la troupe de M. Patris et en particulier Mme Béryl (Casilda) et M. Beaulieu (don Guritan) ont été vivement appréciés du public.

La troupe du Théâtre municipal a donné deux drames qui, bien qu'un peu vieillots, ont été interprétés d'une façon parfaite : Je veux parler de *La Pocharde* et des *Deux Gosses*. Le public préférait quelque chose de plus nouveau ; aussi est-il toujours peu nombreux.

Prochainement *La Veine* comédie d'Alfred Capus.

M. B.

Brest. — Le 22 février, la société chorale *Les Enfants d'Ys*, donnait un concert des plus remarquables.

MM. Kerjean, Chemin, Podeux, Wattel, Perron, Mlles Renée Desbos et Merle ont contribué, à la satisfaction générale, au succès de cette soirée.

L. GRASSY.

Laval. — *1ᵉʳ Concert de la Société Philarmonique.* — Privés depuis quelques années de la bonne musique, les Lavallois viennent avec joie de voir renaître la Société Philarmonique, sous la direction d'un chef dont l'éloge n'est plus à faire depuis le mot de Massenet lui-même, qui, prié d'aller diriger sa *Thaïs* à Reims, répondit que c'était tout à fait inutile, puisque le théâtre de cette ville avait le bonheur de posséder comme chef d'orchestre M. Duysens, qui, dit-il, saurait le faire tout aussi bien que lui.

Et certes, les qualités sérieuses et la compétence de ce distingué musicien étaient déjà bien connues à Laval, car les cotisations sont venues en nombre tel que la nouvelle société a dû donner, non pas un concert, comme il était annoncé, mais deux concerts, qui ont fait salles combles.

Si maintenant les Lavallois ont été à même de reconnaître combien la réputation de M. Duysens était justifiée, il leur a été permis aussi d'apprécier les qualités émérites du compositeur, tant dans son *Noël* avec chœurs, que dans le *Souvenir des bords du lac Léman*, d'un effet imitatif des plus réussis, et dans le *Bourdonnement d'abeilles* délicieux petit poème pour trois violons. Quant à l'orchestre, fort bien constitué et au grand complet, il s'est révélé d'une homogénéité parfaite, attestant ainsi un travail consciencieux et le souci d'une scrupuleuse exactitude, aussi bien dans l'Ouverture de *Maritana* de Wallace, que dans la difficile Ouverture de *Guillaume Tell*, dont il s'est tiré tout à son honneur.

Mais il a su aussi se montrer accompagnateur remarquable dans la ravissante partition d'*Ève* de Massenet, qui était le gros événement de la soirée, en même temps qu'il aura été celui de la saison. Le *Mystère*, dont toutes les pages sont à admirer, nous a permis de faire connaissance avec Mme d'Heilsonn, chanteuse légère du théâtre d'Angers (que nous avions déjà entendue dans l'air de *Philémon et Baucis*), et M. Grimaud (Adam), baryton au même théâtre, artistes que Laval aura le bonheur de posséder tous les deux pendant la saison d'opéra de Pâques, et sur lesquels nous aurons par conséquent à revenir plus d'une fois.

M. Meneux, a rendu fort convenablement le rôle ingrat et difficile du Récitant. Enfin les chœurs, formés par la chorale *la Cigale* et le cours de Solfège de l'École de musique, ont droit à tous les éloges et à tous les remerciements pour l'amabilité qu'ils ont apportée à rendre service à une société dont ils ont facilité les débuts.

STACCATO.

Lille. — La saison théâtrale tire à sa fin au théâtre Kursaal, sous l'habile direction de A. Bourdette elle finit dans de bonnes conditions.

Le théâtre Municipal, qui après maintes orientations et directions a été confié à M. A. Bourdette, qui espérons-le a pu tirer ses épingles du jeu, la saison prochaine nous montrera ses sérieuses qualités de Directeur.

HÉNIN-LIÉTARD. — Le dimanche 28 février, la Musique Municipale, sous l'habile direction de son distingué chef, M. G. Nast, officier d'académie, a offert un concert-spectacle à ses membres honoraires.

Bien trop petits étaient les salons Froissard, magnifiquement décorés pour la circonstance, pour contenir les nombreux invités. Aussi nombreux que bien choisis étaient les artistes, qui de Douai et de Lille sont venus apporter leur concours. Un bal superbe a clos cette belle fête.

Marseille. — Des incidents regrettables se produisent au sujet de la subvention à accorder au Théâtre des Variétés, habilement dirigé par M. Simon.

Nous ne nous attarderons pas à réfuter ici les griefs injustifiés qui sont faits à l'Administration actuelle du Théâtre. Bornons-nous simplement à souhaiter que nos édiles se refusent à prêter l'oreille à une aussi mauvaise polémique, et pour l'avenir du théâtre des Variétés espérons qu'ils accorderont la subvention demandée.

E. P.

Niort. — *Concert de l'Harmonie.* — Le très brillant concert que l'Harmonie offre annuellement à ses membres honoraires a eu lieu dimanche 28 février dans la grande salle du Manège, à peine assez vaste cependant pour contenir la foule des auditeurs. Il est vrai que la Commission n'avait rien négligé pour s'assurer le concours d'artistes de choix.

Mlle Juliette Laval, la violoniste excellente, nous a charmés par sa belle sonorité et son style impeccable dans une *Andante* de Baillot, passant immédiatement ensuite, avec la souplesse qui est le propre des grands talents, de ce calme mélancolique au rythmes fougueux d'une *Danse Hongroise* de Brahms ; elle a terminé en détaillant brillamment les dentelures harmoniques des *Airs russes* de Wieniawski, après avoir pris un mouvement peut-être un peu vif pour le *maéstoso* de l'introduction, et pour le premier thème.

Dans une fantaisie sur *La Somnambule*, nous avons une fois de plus applaudi M. Tarbouriech, le clarinette-solo de l'Harmonie ; avec une netteté merveilleuse, il a enlevé les variations hérissées de difficultés instrumentales, tout en montrant par sa façon de phraser que le virtuose était chez lui doublé d'un artiste du sens le plus délicat.

Mlle Martinon nous a fait apprécier sa belle voix de falcon dans *Aïda* et *Le Cid*. En rappel, elle nous a donné une petite fantaisie intitulée *Les deux Pigeons* ; puis elle a chanté le fameux duo de *Sigurd* avec M. Lubet, ténor remarquable dont nous avons fort applaudi la richesse vocale dans les airs de la *Juive* et d'*Hérodiade* qu'il a chantés avec beaucoup d'ampleur et de charme.

La lourde tâche d'accompagner était dévolue à notre jeune compatriote Jean Diré : heureux les solistes qui ont de tels artistes pour les soutenir !

L'excellente Harmonie, sous la magistrale direction de M. Goneytes a joué irréprochablement l'ouverture du *Freyschütz* et une fantaisie sur *Lakmé* dans laquelle M. Goneytes a réuni habilement les plus remarquables motifs de l'œuvre si colorée de Delibes.

Enfin, M. Fevrie, chargé de la partie comique, a fort diverti par ses *Chansons de la Butte* et ses *Chansons ironiques*. F. D.

Périgueux. — Le premier concert classique de la saison donné par l'Union symphonique à ses membres honoraires, a eu lieu au théâtre. Mme Magne, professeur de chant à Bordeaux, ainsi que M. de la Tombelle, l'éminent compositeur et pianiste virtuose, avaient bien voulu prêter leur précieux concours à cette soirée. L'orchestre sous la direction du son chef M. Pepe Ozcariz a exécuté la Symphonie n° 2 de Haydn et le ballet de *Faust*, à la satisfaction générale. Mme Magne, que nous connaissons depuis longtemps, a su de nouveau faire apprécier sa belle voix de mezzo, ainsi que sa fine diction, dans *Air de Serse* Haëndel ; *Marguerite au rouet*, Schubert ; *le Secret des vagues* F. de la Tombelle et *Mon Credo*, conte mystique, Widor.

M. de la Tombelle a joué, d'une façon remarquable un *concerto en la mineur* de Grieg, avec accompagnement d'orchestre ; puis seul, *Étude en si mineur* ; *prélude en fa dièze mineur* ; *Ballade en sol mineur* de Chopin.

Le concert s'est terminé par une ode de M. de la Tombelle *Vers la lumière*, pour chœur et orchestre, sous la direction de l'auteur. Les *Enfants de l'Isone* avaient bien voulu se charger de la partie chorale.

Une quête fructueuse a été faite au bénéfice des pauvres, par de jeunes et jolies dames, en élégantes toilettes.

ETRANGER

Anvers. — Les artistes du Théâtre Royal ont représenté cette semaine avec un vif succès un drame lyrique inédit : *Het Arendnest (le Nid d'Aigles)* de M. Auguste Monet pour le poème et M. Schrey pour la partie musicale.

L. DE MUNTER.

Bruxelles. — Polin, le joyeux tourlourou, s'est fait applaudir la semaine passée au Théâtre du Parc dans les *Victoires de César* et dans son répertoire habituel. La soirée s'est heureusement terminée par le *Dossier secret* de F. Duquesnel et *Mieux vaut douceur* de Pailleron.

Aux galeries le *Panache* de MM. Claude Roland et Junquet et G. Meynard pour la partie musicale a obtenu un succès fort mérité. Les brillants interprètes Rigaux, Ambreville et Mlles Jeanne Petit et Lebey méritent toutes nos félicitations. Un bon point à la direction pour le luxe de la mise en scène et des costumes.

— Au Cercle Artistique, excellente exposition de paysages de MM. Adrien Colley et Paul Hermanus. Les paysages Ardennais de M. Colley si vivants de coloris et de précision, les vues de Hollande de M. Hermanus, si claires et si reposantes, forment un ensemble d'œuvres d'art où se révèle l'harmonieux talent de deux artistes sincères.

A NOS CORRESPONDANTS

Nos correspondants sont instamment priés de n'écrire leurs communications que sur un côté de la feuille.

L'abondance des matières nous obligeant souvent à remettre la publication d'un grand nombre de lettres, nous prions nos correspondants, afin d'éviter le retard dans leurs informations, d'être très concis.

Les communications doivent nous parvenir au plus tard, le 5 et le 20 du mois.

BIBLIOGRAPHIE

Grâce à l'intelligent et patient labeur de M. Fernand Gasparini, la célèbre société chorale belge *La Légia*, possède aujourd'hui une histoire complète. Sous le titre *Éphémérides de la Société Royale La Légia*, M. Gasparini a résumé tous les faits intéressants, date par date, depuis la fondation, de cette belle société, en 1853, jusqu'à nos jours. Nonobstant l'aridité apparente d'un tel ouvrage, il est intéressant de suivre, pas à pas, la marche toujours progressive de *La Légia*, qui forme aujourd'hui, l'une des plus admirables phalanges musicales dont s'enorgueillisse la Belgique.

L'*Annuaire des Artistes* (18e année) vient de paraître, c'est un ouvrage d'une utilité de premier ordre pour tous les *commerçants* dont l'industrie se rattache au théâtre ou à la musique, car il donne la liste des abonnés de l'Opéra et de la Comédie-Française ; la liste et les adresses des compositeurs, chefs d'orchestre, organistes, maîtres de chapelle, professeurs de chant, d'instruments, par genre de professorat, auteurs, artistes lyriques et dramatiques, des chefs de musiques militaires et civiles, des amateurs artistes, des sociétés chorales, harmonies, fanfares, etc., etc., et cela, non seulement de Paris, mais de la province et de l'étranger.

L'*Annuaire des Artistes* (18e année) est un superbe volume de 1.500 pages, richement relié, format grand in-8°, dont la place est marquée dans la bibliothèque de ceux qui s'intéressent à la musique et au théâtre.

Envoi franco contre mandat-poste de 7 fr., adressé à M. Émile Risacher, 167, rue Montmartre, Paris.

HENRY DE BRAISNE, conférence faite au (théâtre des Capucines par *Georges Veillat* Dujarric et Cie, éditeurs).

M. Georges Veillat a entrepris, au théâtre des Capucines, une série de conférences sur les « Poètes d'aujourd'hui ». Et il a commencé par une étude de l'œuvre d'Henry de Braisne, l'auteur estimé de *Rêve de Gloire*, *Voix dans l'ombre*, *Parmi le fer et le sang*, etc. L'excellent causeur ne pouvait faire un meilleur choix. Nous nous associons bien volontiers à tout ce qu'il a dit de la sincérité, de la conscience et de la modestie d'Henry de Braisne, et nous espérons que sa parole aura pour effet de faire relire aux lettrés les livres de ce bon poète, au talent duquel sa conférence fut un juste hommage.

M. D.

CHRONIQUE IMMOBILIÈRE

Nous arrivons au moment propice pour visiter et acquérir dans d'excellentes conditions les propriétés citadines et rurales. En effet, bientôt nous pourrons chanter, comme dans la « Damnation de Faust » *le vieil hiver a fait place au printemps*, puisque Mars est à nos portes.

Indiquons donc immédiatement quelques immeubles constituant de rares occasions.

Nous avons à vendre, en Seine-et-Marne, un château de style avec chasse de mille hectares pour 1.500.000 francs.

Un pavillon bien construit et écuries, remises, vacherie, fromagerie, poulailler, etc., Arbres fruitiers, ombrages. Contenance superficielle : 2.000 m., Clos de murs, grille d'entrée en fer forgé. Vue sur la vallée de la Marne. Toutes ressources. Facilités de paiement et d'extension. Prix : 29.000 francs, actes en mains.

En Seine-et-Oise, beau terrain d'angle. Contenance superficielle : 2.000 m. environ. Prix : 10.000 francs, actes compris.

Nous avons à placer hypothécairement à 4 1/2 %.

LATUILE.

P. S. — Pour tous renseignements écrire au rédacteur de la *Chronique immobilière* à l'*Europe Artiste*.

CHEMINS DE FER DE L'EST

La Compagnie des Chemins de fer de l'Est délivre toute l'année des Livrets à coupons combinables, à prix réduits, de l'Union des Chemins de fer européens, permettant aux voyageurs de composer à leur gré un voyage sur les réseaux de l'Est, du Nord, de l'Ouest et de P.-L.-M. (*) et dans les pays désignés ci-après : Allemagne, Autriche-Hongrie, Belgique, Bosnie, Herzégovine, Bulgarie, Danemark, Finlande, Grand-Duché de Luxembourg, Pays-Bays, Norvège, Roumanie, Serbie, Suède, Suisse et Turquie (*).

La réduction par rapport aux prix des billets simples atteint et dépasse 20 0/0.

Les principales conditions d'émission de ces livrets sont les suivantes :

L'itinéraire doit emprunter à la fois des lignes françaises et étrangères et ramener le voyageur à son point de départ initial ; il peut affecter la forme d'un voyage circulaire ou celle d'un aller et retour.

Le parcours tarifé ne peut être inférieur à 600 kilomètres ; la durée de validité des livrets est de 45 jours lorsque le parcours ne dépasse pas 2.000 kilomètres, elle est de 60 jours pour les parcours plus longs.

Les livrets doivent être demandés à l'avance ; il n'est pas concédé de franchise de bagages.

Les enfants âgés de 4 ans et moins sont transportés gratuitement, s'ils n'occupent pas une place distincte : au-dessus de 4 ans jusqu'à 10 ans, ils bénéficient d'une réduction de 50 0/0.

CHEMINS DE FER DE L'EST

Service les plus directs

ENTRE

PARIS, FRANCFORT-S.-MEIN & COBLENCE

Paris-Francfort-s.-Mein

A. — VIA METZ-MAYENCE

ALLER

		1e et 2e classes (*)	1e et 2e classes (**)
Paris (Est)....	départ	8 h. 25 m.	8 h. 25 s.
Metz..........	arriv.	3 h. 40 s.	5 h. oh m.
	départ	3 h. 49 s.	5 h. 16 m.
Francfort-s.-M.	arriv.	9 h. 16 s.	11 h. 15 m.

RETOUR

Francfort-s.-M.	départ	7 h. 02 m.	7 h. 17 s.
Metz..........	arriv.	midi 26.	minuit 58.
	départ	midi 38.	1 h. 07 m.
Paris (Est)....	arriv.	6 h. 12 s.	8 h. 45 m.

(*) Voitures directes de 1e et 2e classes.
(**) Voitures directes de 1e et 2e classes et Wagons-Lits entre Paris et Francfort-sur-Mein.
Durée du trajet : 12 heures environ.

B. — VIA AVRICOURT-CARLSRUHE

En utilisant les trains de luxe ci-dessus, on atteint Francfort-sur-Mein en 11 heures 1/2.

			Orient-Express.
Paris (Est)........	départ	7 h. 08 s.	
Carlsruhe........	arriv.	4 h. 39 m.	Trains express.
	départ	5 h. 15 m.	
Francfort-sur-Mein......	arriv.	7 h. 43 m.	Trains express.
Francfort-sur-Mein......	départ	8 h. 10 s.	
Carlsruhe........	arriv.	10 h. 26 s.	Orient-Express.
	départ	10 h. 44 s.	
Paris (Est)........	arriv.	7 h. 33 m.	

Dans les trains d'Orient, le nombre des places est limité, les voyageurs qui désirent s'assurer des billets pour ces trains doivent s'adresser, à l'avance, à la Compagnie internationale des Wagons-Lits, 3, place de l'Opéra, à Paris.

Le supplément perçu directement par la Compagnie est de 17 fr. 50 pour le trajet simple entre Paris (Est) et Carlsruhe.

C. — PARIS, COBLENCE & EMS

Par Metz-Trèves ou par Longwy-Luxembourg.

	Viá Luxembourg		Viá Metz	
	1e, 2e, 3e Classes.		1e et 2e Classes. Wagons-lits, Paris-Metz	
Paris (Est). dép.	8.15 m.	9.50 s.	8.25 m.	8.25 s.
Trèves ....arr.	5.45 s.	8.12 m.	5.58 s.	8 04 m.
— ... dép.	6.03 s.	8.25 m.	6.03 s.	8.25 m.
Coblence.. arr.	8.00 s.	10.28 m.	8.00 s.	10.28 m.
Ems...... arr.	9.18 s.	11.03 m.	9.18 s.	11.03 m.
Ems.... dép.	7.58 m.	10.20 m.	10.20 m.	7.56 m.
Coblence dép.	8.43 m.	11.25 m.	11.25 s.	8.35 s.
Trèves.. arr.	11.21 m.	1.21 s.	1.21 s.	10.38 s.
— .. dép.	11.41 m.	2.48 s.	1.32 s.	10.53 s.
Paris (Est) arr.	6.28 s.	11.35 s.	10.55 s.	8.45 m.

Durée du trajet : de 10 h. 1/2 à 13 heures pour Coblence, et de 11 h. 1/2 à 14 heures pour Ems.

CHEMINS DE FER DE PARIS A LYON ET A LA MÉDITERRANÉE

Trains extra-rapides entre Paris & Menton

La Compagnie Paris-Lyon-Méditerranée mettra en marche tous les jours, à partir du 4 janvier, entre Paris et Menton, deux trains extra-rapides comportant des places de wagons-lits (sleepingcars), de lits-salons et de 1re classe et partant, l'un de Paris à 7 h. 25 soir et l'autre de Menton à 7 h. 07 soir.
Trajet de Paris à Cannes en 14 h. 31.
Trajet de Paris à Nice en 15 h. 09.
Ces trains ont un nombre de places limité.
On peut retenir ses places d'avance, aussi bien en 1re classe qu'en compartiment de luxe, en s'adressant à la gare Paris-Lyon et aux bureaux de ville de Paris, rue Saint-Lazare et rue Sainte-Anne, à l'aller ; aux gares de Menton, Monte-Carlo, Nice, Cannes et Toulon, au retour.

Prime aux Acheteurs de L'EUROPE ARTISTE

Bibliothèque Musicale Économique

Par suite d'un marché considérable nous sommes en mesure d'offrir, à nos Abonnés et Acheteurs au numéro, une occasion exceptionnelle qui va leur permettre d'enrichir leur **Bibliothèque Musicale**, à des conditions exceptionnellement avantageuses.

Nous pouvons livrer, à lettre vue, la collection des **Vingt chefs-d'œuvre** de la musique, édition absolument conforme à l'édition originale, dont la liste suit :

TITRES DES OUVRAGES	Prix marqués brochés	TITRES DES OUVRAGES	Prix marqué brochés
Roméo et Juliette	20 »	Don Juan	15 »
Miss Hélyett	12 »	Noces de Figaro	15 »
Philémon et Beaucis	15 »	Flûte enchantée	12 »
Reine de Saba	20 »	Norma	12 »
Pêcheurs de Perles	15 »	Orphée	10 »
Jocelyn	15 »	Richard Cœur de Lion	12 »
La Vivandière	20 »	Barbier de Séville	15 »
Martha	20 »	Freichütz	12 »
Salambo	20 »	Euriante	12 »
Le Rêve	20 »	Obéron	12 »

Cette magnifique collection qui serait vendue **brochée,** au prix de **trois cents quatre francs** sera livrée à tous les Lecteurs de *L'Europe Artiste* qui en feront la demande pour le prix de **Cent cinquante francs** seulement. De plus, nous offrons les vingt partitions richement **reliées.**

IL N'Y A RIEN A PAYER D'AVANCE

Les cent cinquante francs sont payables en trois fois : cinquante francs à la livraison de la collection complète et cinquante francs à la fin de chacun des deux mois qui suivront.

BULLETIN DE COMMANDE

à remplir et à retourner à M. le Directeur de l'EUROPE ARTISTE, 5, passage Violet, PARIS.

Veuillez m'envoyer la collection des Vingt partitions indiquées ci-dessus, pour le prix à forfait de 150 francs, que je m'engage à payer de la manière suivante :

50 francs à la livraison.

50 francs au_______________________ (30 jours plus tard.)

50 francs au_______________________ (30 jours plus tard.)

Le_______________________ 190

Nom : _______________________

Prénoms : _______________________   SIGNATURE :

Qualité ou Profession : _______________________

Demeurant à : _______________________

Département : _______________________

Gare la plus proche : _______________________

Le Gérant : ALFRED-LÉOPOLD FORTIN.

Imp. G. MERGAULT et Cie, 12, rue Martel, PARIS

52ᵉ Année. — 2096   LE NUMÉRO : **30** CENTIMES   10 Avril 1904

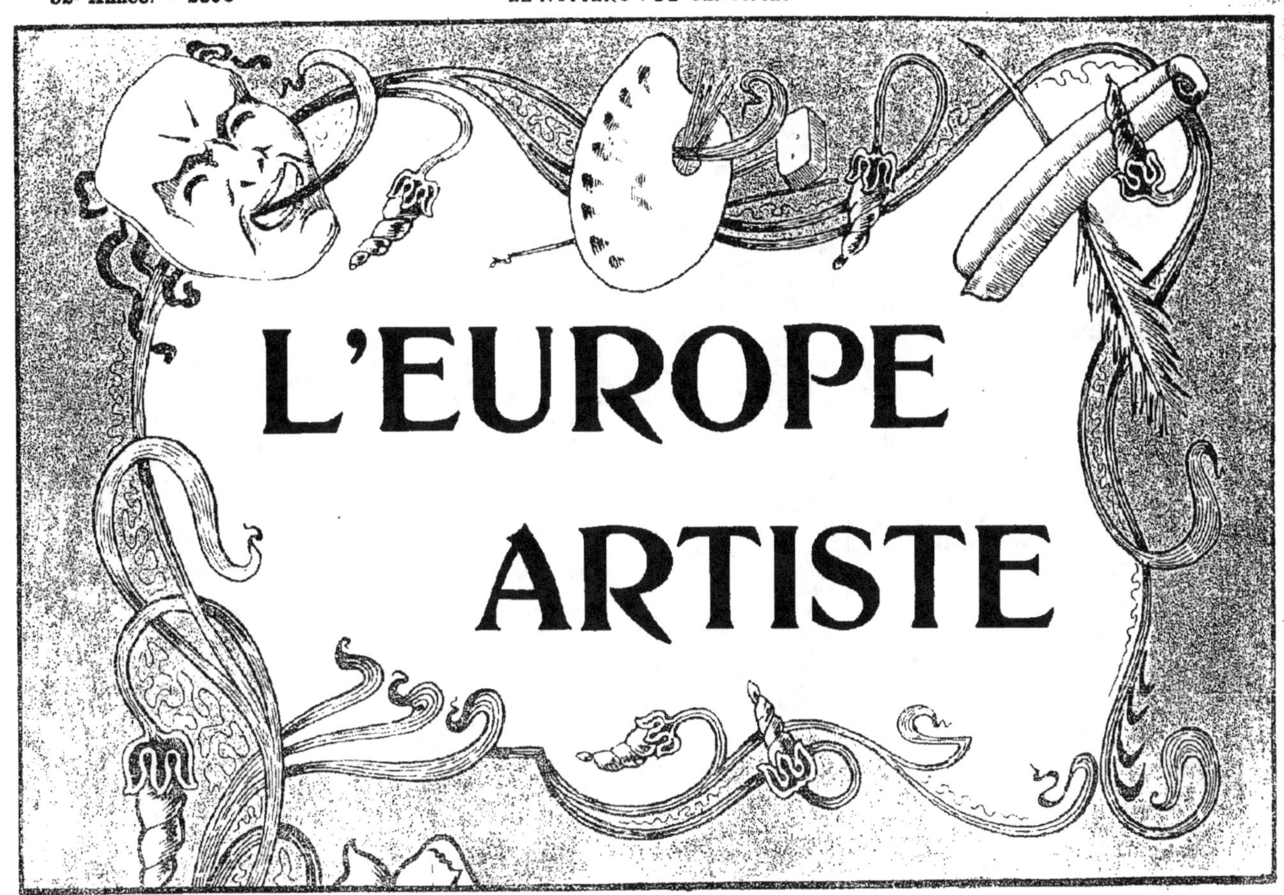

Journal Illustré, Artistique, Littéraire & Théâtral

SOMMAIRE

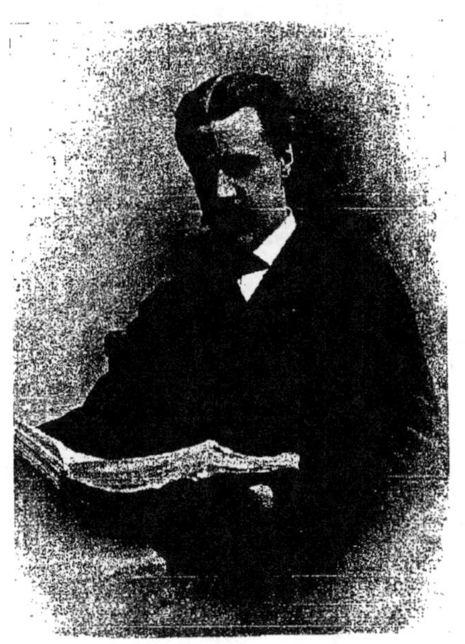

M. VINCENT D'INDY

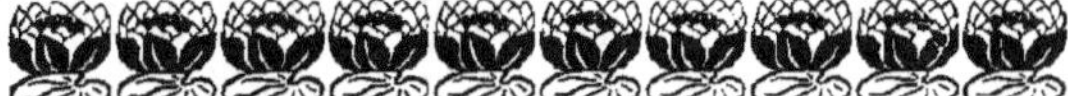

ABONNEMENTS :

Un an

France................. 6 Fr.
Etranger .... 10 —

Paraît 2 fois par mois, le 10 et le 25

ADMINISTRATION ET RÉDACTION
5, Passage Violet (*29, rue d'Hauteville*). Paris (X^e)

Directeur : **JEAN-PASCAL**
Rédacteur en Chef : **TRISTAN LECLÈRE**

ANNONCES :

La ligne................. 2 Fr.
Réclames........... ...... 3 —

Les annonces sont reçues au bureau du journal

A NOS LECTEURS

A partir du prochain numéro, M. Albert Trotrot partagera avec M. Jean-Pascal, la direction de L'EUROPE ARTISTE.

L'EUROPE ARTISTE paraîtra une fois par mois, à dater du 1er Mai, dans le format des grandes revues. Chacun de ses numéros contiendra de 32 à 64 pages.

Nous ferons connaître, dans le premier numéro de L'EUROPE ARTISTE transformée, le programme nouveau de la revue et la composition de sa rédaction.

L'EUROPE ARTISTE

Réponse des « Siffleurs »

A M. JEAN HURÉ

Cette lettre, adressée à un journaliste, ne doit pas être considérée comme visant spécialement une personnalité, à laquelle nous n'attachons d'autre importance que celle d'appartenir à une feuille qui, accueillant sa collaboration, nous devait d'autant plus de respect.

La presse, monopolisant la critique, et jugeant sans doute notre concurrence déloyale, a, dans sa majorité, usé à notre égard de toutes les invectives. C'est sa mauvaise foi que nous jugeons dans les lignes qui vont suivre.

Monsieur,

Le *Monde Musical* nous fit jadis le grand honneur de s'occuper de nous, en publiant inopinément dans ses colonnes la *Lettre d'un Siffleur.*

Ecrite à l'un de ses rédacteurs en réponse aux allusions d'un article injuste relatant les manifestations qui accueillirent l'œuvre présentée, au Châtelet, par le violoniste Willy Burmester, cette missive personnelle n'engageait que son auteur.

Une polémique s'ensuivit entre le signataire de ces lignes et M. Mangeot. Le directeur du *Monde Musical* crut devoir clore cette polémique à la suite de l'entretien que nous eûmes avec lui quelques jours après la réplique qu'il ne se décida pas à faire paraître, et dont nous aurions pu exiger l'insertion. Par courtoisie pure nous avons déféré à son désir.

Aujourd'hui, rédacteur au *Monde Musical*, vous consacrez une chronique de concerts à vilipender des hommes fiers de leur indépendance et de leur sincérité. Rempli d'inexactitudes et de propos discourtois — nous atténuons — cet article n'est pas digne du rédacteur de *l'Ouest-Artiste* en la bonne foi duquel nous avons cru. Nous nous félicitons que vous n'ayez pas complètement perdu le souvenir de notre personnalité ; toutefois, vous avez oublié que vous étiez ainsi tenu de mesurer vos paroles. Loin d'observer une juste réserve ou de modérer votre langage, vous donnez aux termes qui nous concernent un caractère tellement injurieux qu'il ne laisse pas de nous étonner de la part d'un contempteur de « l'inélégance ». Votre façon d'agir oblige à vous rappeler aux convenances en même temps qu'à la vérité.

En premier lieu, nous relevons le louable procédé qui consiste à calomnier un groupe anonyme ne cherchant aucune publicité, mais exigeant seul le respect dû aux convictions et au courage.

Cette bravoure, sans doute, a son mérite.

Apprécions votre héroïsme comme il convient. Si vous n'êtes pas à même d'apprécier une cause qui vous échappe, vous êtes encore moins autorisé à nous juger. Vous ne faites d'ailleurs ni l'un ni l'autre, vous nous insultez ! On peut se demander à quels mobiles vous obéissez, et si vous êtes venu de province uniquement pour salir ici votre plume aussi sottement... Excusez cette franchise un peu rude.

Vous affectez de reconnaître notre « vaillance » en lui attribuant hypocritement un intérêt inavoué. S'il faut chercher l'envie, la haine et la vénalité, c'est parmi ceux qui tiennent la plume, et s'il est quelque chose de bas, sachezle, c'est la presse !...

Nous ne l'ignorons pas ; c'est pourquoi, sourds à ses criailleries, entourés de la sympathie de quelques grands artistes et de l'appui d'écrivains impartiaux, nous lui adressons un défi en continuant notre campagne de haute moralité.

Vous dissertez sur « l'individualité ». S'il fut jamais hommes imbus de leur « individualité », partis d'une « idée » conçue en dehors de toute caste, de tout parti, de tout préjugé, guidés par un unique souci d'art, consciencieux et justes, ce sont ceux que dédaigneusement vous qualifiez de « siffleurs ».

Nos individualités s'unissent, il est vrai, pour le bien commun : l'affirmation de notre « moi » n'en existe pas moins et peut-être, au contraire, est-ce le seul objet qu'elle puisse se proposer. Notre idée est à la fois esthétique et morale, notre cause est celle de l'art et nous revendiquons le droit de l'artiste méconnu de tous. C'est ce que l'on ne peut nous pardonner.

Hommes esclaves assoiffés de platitude et de compromis, vous ne pouvez pas comprendre l'effort de ceux qui veulent libérer l'art d'un souffle mortel... vous ne pouvez deviner le prix de leur stoïque protestation. Vous ne savez que hurler et écraser les généreux élans de votre pouvoir salarié... Vous avez l'or pour vous, l'ignorance et la vilenie ; nous avons la foi... et nos esprits sont incomparablement trop hauts pour sonder votre néant...

S'il fallait que le monde élevât un monument d'ignominie à la gloire de l'universelle « sottise », vous y avez puissamment contribué, car vous avez corrompu les âmes après avoir perverti les esprits. Les malheureux, les ignorants qui nous lisent ou qui vous écoutent sont désormais tournés vers la nuit, et leur plus grand désir est d'éteindre, eux les inconscients, la dernière lueur.

L'artiste qui est tout, vous n'en avez cure..., la foule que vous flattez s'en soucie comme vous : elle est avilie ! L'artiste, vous l'ignorez, vous le méconnaissez, vous le tuez !... Parce que nous voulons réhabiliter ses droits, vous nous injuriez, vous nous méprisez, vous nous appelez « despotes à l'âme cruelle »... Vous osez nous reprocher la lâcheté, à nous qui avons toujours agi loyalement, ouvertement et subi tous les affronts ? Oubliez-vous que nous sommes restés impassibles devant la menace et la force et que, animés de principes équitables, nous avons invoqué l'art et la loi ? Persécuteurs, dites-vous ? Persévérance, voulez-vous dire. Notre acharnement est l'énergie des hommes fermes dans le devoir comme en leur foi ils surent rester inébranlables. La haine qui nous entoure avive nos colères : ne les confondez pas avec l'insulte ! La foule veut lapider ceux qui élèvent la voix en accusateurs, elle ne comprend pas et vous l'empêchez d'être éclairée. Médiocres, vous la voulez ininstruite et sans morale. L'anarchie des esprits favorise tous les intérêts et surtout les vôtres. Vous pouvez essayer de salir les hommes de droiture et d'élévation ; votre mauvaise foi nous indigne, mais la boue que vous répandez ne nous atteint pas.

C'est à vous qu'il faut demander compte des sottises et des marchandages qui entravèrent tant d'artistes... c'est à vous qu'il faut imputer toutes les injustices, toutes les perfidies, toutes les hontes qui ensevelirent tant de chefs-d'œuvre. Berlioz, César Franck, Wagner, est-ce vous qui les avez compris et défendus ? Aujourd'hui qu'ils sont consacrés, n'est-ce pas vous, toujours vous qui semez au contraire l'ignorance sur leur œuvre en travestissant leur pensée de poètes et de musiciens. Votre admiration de commande déguise mal l'ignardise où vous espérez voir tôt ou tard les élites vous suivre. Vous n'avez rien compris à Richard Wagner ; vous attendez la condamnation de son œuvre par le snobisme et les revirements d'une génération totalement sceptique pour lever le masque. Déjà le poète et le philosophe ont connu vos sarcasmes, le musicien vous écrase encore... et malgré vos efforts pour amoindrir son génie.

Et cela est fatal car Beckmesser est éternel...

Non, il n'existe pas de « vaillance collective ». Vous êtes en présence d'individualités qui ne connaissent d'autre loi que leur conscience artistique. Ces individualités, ce sont des esprits poussés les uns vers les autres uniquement par l'identité de leurs aspirations esthétiques. Leur groupement est discipliné non par le commandement d'un chef ou l'observation d'un mot d'ordre, mais par « l'identité de leur révolte contre toutes les déchirures de l'âme esthétique contemporaine ». Cette spontanéité sympathique constitue la puissance de leur manifestation, par le fouet du sifflet, de la parole et de la plume.

Révolte dans les limites du droit. Respectueux d'autrui, ils n'entendent aucunement apporter au concert l'obstruction que vous voulez leur prêter. Ils se réclament de ce droit que les vers de Boileau ont éternisé, droit qui, bien avant lui, avait trouvé déjà sa justification. Il est injuste de les rendre responsables de licences qui trouveraient encore leur excuse dans la rage d'une majorité inconsciente blessée dans son amour-propre. La menace et l'injure sont venues constamment de ceux qui ne peuvent encore comprendre leur idée. Par une bizarrerie fort explicable, c'est à nous que vous en faites le reproche, à nous qui devons nous défendre contre ces fureurs de brutes affolées déshonorant l'amphithéâtre. Ces mœurs dépassent, vous nous l'accorderez, les limites permises de « l'inélégance » !

A défaut de jugement artistique, vous avez, journalistes, le devoir de respecter les faits et la vérité. Comment pouvez-vous affirmer que l'ouvrage symphonique de M. F. Casadesus « Quatre-vingt-treize » fut accueilli par une « bordée d'injures et de sifflets » ? Ou vous n'assistiez pas au concert, ou la passion vous inspire un mensonge. Le silence presque général fut à l'égard de l'œuvre la seule défaveur, et l'on ne peut attribuer aux « siffleurs » les réflexions, toujours difficiles à prévenir, d'un inconnu.

En revanche, il est une foule d'œuvres de compositeurs « arrivés » dont le choix a provoqué les manifestations. Et celles-ci visaient bien plus MM. Chevillard et Colonne que les auteurs malheureux d'ouvrages tout à fait déplacés au grand concert. Forcé de le constater, vous nous en faites un nouveau grief. Les félicitations que vous feignez ici de nous adresser dissimulent mal vos propres contradictions. Ce n'est sans doute ni la première ni la dernière et nous concevons que la pénurie d'arguments où vous êtes ne vous permette pas de discuter.

Il vous plaît d'accoler aux noms des plus illustres maîtres celui de M. Richard Strauss. Il nous plaît de juger son œuvre détestable et de siffler ce wagnérisme négatif dont la puissance technique est un danger de plus.

Qu'y a-t-il d'incorrect dans notre attitude ? Le sifflet vous blesse ? Bien d'autres choses nous révoltent ; comment exprimer publiquement la réprobation qui s'impose? Les grands seigneurs dernier genre auxquels vous appartenez sont infiniment mieux élevés que les noblesses licencieuses des XVIe, XVIIe et XVIIIe siècles? Soit. Il nous est permis d'en douter. En ces temps présents d'irrespect et d'immoralité, il appartenait aux messieurs injustes et les moins corrects, hommes de presse, pornographes, bousculeurs de dames, d'imposer en matière d'éducation une loi de convenances et de politesse. Cette inconscience n'est point pour nous étonner, mais il est des leçons que tout de même à certains hommes il faut donner. Il vous est permis de nous donner tort ou raison ; nous écouterons la critique sans en pouvoir tolérer davantage.

Nos sifflets, croyez-le, peuvent porter leurs fruits. Il suffit d'extirper des esprits timorés le préjugé qui ,les immobilise. Il se peut que cet espoir ne se réalise jamais parce que la veulerie contemporaine affectionne le silence. Nombreux sont ceux qu'épeure la parole forte et auxquels il coûte moins de se dérober que de suivre le courageux exemple. Il n'y a plus de volontés, il n'y a plus de grandeur d'âme : il n'y a que des aveugles, des lâches ou des égoïstes.

Egoïsme, voilà toute la tyrannie sociale ! La horde des repus et des satisfaits s'insurge contre le sacrifié qui demande justice... Lorsqu'il est « l'artiste » il est dix fois sacré... et de sacrifié deviendra-t-il paria?...

Prenez-vous pour de l'art le fatras des inutiles et des ambitieux? Ces parvenus notoires qui siègent aux places d'honneur, ces personnages investis de fonctions officielles, ces virtuoses-acrobates aux réputations surfaites n'ont jamais servi l'art ni l'humanité. Toute leur médiocrité fait leur triomphe, l'apanage du génie restant l'obscurité... Ce que nous voulons apporter, c'est un peu plus de justice et de lumière. Nos volontés groupées s'efforcent à combattre l'égoïsme et le scepticisme, à rappeler aux chefs d'orchestre plus soucieux de lauriers mal acquis que de leur intégrité leur rôle d'initiateurs. Ces hommes ne sont pas artistes, ils sont des marchands qui tiennent à la gloire... et Christ a chassé les marchands du temple...

Comment, lorsque tant de beauté peut rayonner par l'art, lorsque la musique, source d'élévation, féconderait encore l'apanage si nécessaire au monde, nous laisserions anéantir l'esprit d'art sans dresser vers les profanateurs nos bras justiciers ?... nous verrions froidement les derniers élans mourir, et triompher jusqu'en art l'or et l'avilissement... nous assisterions au spectacle de cérémonies transformées en actions obscènes déchaînant les folies hystériques, nous assisterions impassibles à ces séances de cirque, ces triomphes d'arènes dont le retentissement est un abominable scandale... nous resterions silencieux, indifférents, lâches?... Non. Avant d'établir le règne de la paix il faut encore combattre. Nous lutterons jusqu'au bout, forts de nos convictions.

A ceux qui délaissent les vieux maîtres, trahissent la cause des « jeunes », déifient le « virtuose », nous apprendrons ce qu'est l'art. Aux spéculateurs du talent, aux épiciers décorés pour ventes officielles de produits académiques, nous déclarons la guerre. Ce sont des trafiquants, ce sont des criminels !... L'assentiment qu'ils achètent compromettrait définitivement les artistes si la protestation des consciences ne venait détruire la sanction de la « journaille » à leur œuvre de négation et de destruction.

En donnant au mouvement protestataire une base nécessaire, nous avons entrepris une œuvre de salut. Les plus sceptiques ont dû s'émouvoir, peu nous importe la persécution dont nous sommes l'objet. Sans supputer les bienfaits immédiats qu'il pouvait résulter de nos initiatives, nous avons donné à réfléchir aux cœurs faibles et jeté l'alarme dans le camp philistin... L'avenir dira quelle fut notre idée et qui, au fond, fut juste et bon.

Veuillez recevoir, monsieur le journaliste, ce rappel à l'ordre et croire à mes sentiments de profonde pitié.

A. TROTROT

SONNET-DÉDICACE

A Gabriel FABRE.

Il me faut des tonneaux d'encens et de cinna-
[bre
Les ailes de Satan, d'Axel et d'Ariel
Et le glaive de son vieux patron Gabriel
Pour offrir ce volume au plus fiévreux des Fa-
[bre.
Quand ses gammes s'en vont épandre rêve et
[fiel
Gronder dolentes ou s'aiguiser comme un sa-
[bre,
L'anarchiste hirsute et le cabotin glabre,
Peuvent unir, sans mots, leur enfer à leur
[ciel.
Simple, tranquille, heureux de chanter en si-
[lence
Il maeterlincke Hamlet et verlainise Ibsen
Pour qu'il subsiste encor de la musique en
[France.
Et si j'écris cela, ce n'est pas pour qu'il s'en-
Norgueillisse. Il sait trop le néant de la gloire
Le piano ne se fait pas en bois de poire.

ERNEST LA JEUNESSE

La Quinzaine Théâtrale

Le Théâtre de l'Œuvre pour ses nouvelles soirées, nous a rendu la silhouette maladive du *Petit Eyolf* d'Henrik Ibsen. *Petit Eyolf*, symbolise à la fois les aspirations idéales de l'avenir et les imperfections de la réalité. Cet enfant infirme et pourtant sujet de jalousie pour tous les gamins du village, son père le voudrait voir effectuer les grandes et belles choses que lui-même a rêvées et qu'il n'a su atteindre. N'est-ce pas la destinée de beaucoup d'entre nous d'être arrêtés dans leur essor cérébral par les effets de la loi de transformation ? Marié à Rita, qui est femme plus que mère, jusqu'à l'instant où l'on ramènera le Petit Eyolf noyé, peut-être par ses propres camarades, et qui sentira ses fibres maternelles vibrer plus douloureusement encore à la suite de cette catastrophe imprévue et parfois entrevue, jalousement. Halmers n'a plus eu le ressort nécessaire pour achever son livre sur la responsabilité morale.

Rita qui ne lui a pas mieux pardonné l'abandon de sa petite personne sensible les soirs de méditation dans l'abri solitaire du cabinet de travail, que l'exil d'affection qu'elle croit trouver dans la préoccupation incessante d'Halmers pour son enfant, a presque souhaité la disparition de ce dernier. La coupable pensée s'est traduite par un fait, et l'expiation vient à son heure, rendre la vie impossible à ces deux époux qui n'ont pas su se prendre. Hasta, sœur d'Halmers, et qui partagea longtemps son existence de jeune travailleur, ne peut non plus accepter de recommencer le temps à jamais révolu des journées pénibles mais si fécondes en souvenirs heureux. Et l'image du petit Eyolf restera douloureusement fixée entre ses parents moralement désunis, et rivés à la chaîne terrestre par le décret de fatalité. Il y a dans ce mystère un peu des forces occultes qui rendent si étrangement grandiose le drame de *Rosmersholm*, auquel M. Lugné Poé nous a convié également, estimant avec raison qu'un régal ibsénien de genre méritera toujours notre respectueuse attention. Cela nous offre l'occasion de retrouver en lui l'artiste impeccable, pénétré mieux que tout autre du génie ibsénien, dont il a su rattacher l'expansion par une page glorieuse à notre histoire littéraire et dramatique contemporaine ; et aussi de signaler les progrès évidents accusés dans son jeu naturel et consciencieux par Mlle Villeneuve, aux côtés de laquelle Mlle Marcelle Bailly, notamment, esquissa une merveilleuse eau-forte à la Rops, de la *Femme aux Rats*, l'un de ces symboles expressifs dont le théâtre du vieux maître scandinave est farci. De *Rosmersholm*, drame complexe et intensément fataliste, dont la reprise au Théâtre de l'Œuvre, quelques jours après le *Petit Eyolf*, nous permit d'apprécier les réels progrès et la science acquise de Mlle Villeneuve, petite Rébecca West étrangement plus ensorceleuse qu'on ne l'eut supposé, par le charme de sa beauté brune, de son sourire tantôt inquiet et tantôt fleurant l'espérance, et propre à susciter les calomnies d'un recteur Kroll, symbole du puritanisme hypocrite. Voici dix ans passés que se révéla pour la première fois dans son entière liberté, le génie dramatique d'Ibsen. J'entends que, sauf telles représentations spéciales de *Maison de Poupée*, de la *Dame de la Mer* ou du *Canard Sauvage*, auxquelles d'ailleurs l'habileté initiée de M. Lugné Poé ne fut pas étrangère, c'est avec *Rosmersholm*, l'*Ennemi du Peuple* et *Solnes le Constructeur* que nous apparut, suscitant nos enthousiasmes, parce qu'évocateur d'une voie nouvelle vers un théâtre autre que celui de digestion, l'art scandinave dégagé de son mystère, et que les Français furent en Europe, je crois, les derniers à connaître.

C'est aussi, je crois bien, il y a dix ans, que pour la première fois, Mlle Marcelle Bailly, artiste honnête et laborieuse, vêtit la petite robe simplette et le tablier de service de Mme Elsett, avant que de devenir la *Femme aux Rats* du *Petit Eyolf* ou la *Sorcière de Brand*. Mlle Bailly, demeurée rigoureusement consciencieuse attend toujours la place que la bonne foi des critiques devrait lui avoir fait assigner depuis longtemps à l'Odéon ou dans quelque autre grand théâtre sérieux. Mais hélas, il y a tant de Réjane et de Mitzy-Dalti à servir avant elle, qu'elle n'ose plus y songer. Pourtant, me souffle-t-on, dans un milieu ami de l'*Ecole française* du vers libéré où se prêche la *Foi nouvelle* des poètes, cette dernière artiste avait juré ses grands dieux, il y a neuf mois à peine, de ne jamais entrer à la Comédie-Française. Souvent femme varie...

Puisque la *Montansier* se fait désirer (ce qui est pardonnable ; quand on a tant de prétendants, on ne saurait du même coup les satisfaire, et ils sont pour le moins quatre), puisque le grand Coquelin aîné, à peine remis des émotions renouvelées de *Cyrano* veut à cette héroïne du théâtre du Palais-Royal d'antan, un décor digne de sa renommée, résignons-nous à nous acquitter de *La Dette* contractée envers l'Odéon ces jours passés. M. Georges Berr qui en fut le créancier, paraît s'y être montré plus irrésolu que dans son récent *Irrésolu* qui, on se le rappelle, lui valut un franc succès l'été dernier à la Comédie-Française.

Ce n'est pas tout, en effet, que d'avoir un public ami, qui emplit les salles de répétition et de première au point d'obliger, par l'intermédiaire d'ouvreuses malséantes, à recourir à l'amabilité de la direction pour se voir admettre aux derniers rangs de galeries latérales, d'où la vue de la scène est matériellement interdite, il faut aussi dessiner plus nettement les caractères que l'on présente au feu de la rampe. Mais voici de quoi expliquer la déception ressentie à l'issue imprécise de ce quasi-mélodrame sauvé du naufrage par le talent de M. Janvier. Au lieu d'un irrésolu, ce sont autant de fantoches que de personnages, qui pivotent maladroitement sous nos yeux.

Irrésolu ce Bonnières qui se laisse voler son honneur et son argent par l'amant de sa femme, son associé, et attend dix-huit ans, c'est-à-dire la caducité, pour effectuer sa vengeance. Irrésolu, ce dernier, le nommé Villetanelle, qui ne sait à la fin de la pièce comment concilier le bonheur de sa fille avec la revanche de l'honneur du fils de sa maîtresse. Irrésolu enfin cet amoureux, ô combien distant de Rodrigue, qui frémit aux moments pathétiques à l'idée de verser le sang. Du moins, le héros de Corneille avait-il des remords et non des faiblesses. Sans doute, il était moins parisien. Que dire enfin de cette pauvre petite Hélène qui, aux déchéances de sa bâtardise, compensée par sa gentillesse, portera sa vie durant, le poids des déshonneurs combinés de ceux qui entourèrent sa jeune existence.

Décidément l'Odéon n'est plus un théâtre moral, mais une manière de temple adultérin, entretenu, pour partie, aux frais de l'Etat. Et sans la gaieté, d'ailleurs un peu lassante à la longue, provoquée par les attitudes de Nantouillet. — Lambert père, tout l'esprit de M. Georges Berr se serait émoussé sur ce thème éculé, évocateur assez pâle des pièces d'Augier et de Dumas, et qu'on eût évidemment sifflé à Grenelle ou dans tout autre théâtre vraiment populaire.

Ce qui prouve que toute médaille a son revers. Aussi attendons-nous impatiemment une nouvelle médaille de vermeil et de merveille, ciselée par l'auteur de l'*Irrésolu*.

Au hasard des spectacles qui délassent, il m'a été donné de remarquer le brio de l'opérette qui fait salle comble à Parisiana : *Mlle Cinq-Louis*, de MM. Claude Roland et Serge Basset. M. Claude Roland, qui fut un aimable poète avec *Il était une fois*, s'est révélé dramaturge avec *Le Crime de Laumont* et l'*Aiguilleur*, auteur comique avec l'*École des Amants* et l'*Homme du Jour*. J'applaudis de grand cœur à la consécration du public qui parfois, à son insu, probablement, récompense les longs efforts de quelques écrivains, et je souhaite à l'homme du jour qu'est M. Claude Roland, de le demeurer longtemps. A la Scala, c'est M. Esquier qui triompha avec *Mlle Chichi*, au Moulin-Rouge, M. P.-L. Flers. dont la Fantaisie-Opérette, *Voluptata*, nous permit d'admirer la belle toulousaine Anna Tariol. Et pendant ce temps, les *Modern-Sports* continuent de passionner petits et grands au Nouveau-Cirque, et célèbrent les mérites gymniques de notre éducation future.

ALCANTER DE BRAHM

LE VIEIL AMI

Avec l'autorisation amicale de l'auteur nous détachons les pages suivantes de sa pièce qui obtient en ce moment un si légitime succès au Théâtre Antoine. Nous sommes persuadés qu'elles donneront à nos lecteurs le désir de connaître en entier l'œuvre nouvelle du bon poète de la « Chanson des Hommes » :

SCÈNE IV

PHILIPPE, GINETTE.

Ginette est habillée, son chapeau sur la tête.

GINETTE.

Eh bien ? nous sortons.

PHILIPPE

Avec ce temps, c'est impossible.

GINETTE

Il fait très beau.

PHILIPPE

Il a plu et il pleuvra encore. *(Il fait semblant de regarder le ciel.)* Il va faire un orage !

GINETTE

Et Charlotte qui devait venir me prendre ! Elle n'est pas encore venue ?

PHILIPPE

Si. Non ; pas encore. Elle ne va pas tarder. Il faut l'attendre. *(Ginette s'assied.)* Allons, voilà l'occasion...

GINETTE

Quel jour sommes-nous ?

PHILIPPE

Lundi ; non, non, mardi.

GINETTE

Ah ! que je voudrais être heureuse !

PHILIPPE

Vous n'êtes pas heureuse ?

GINETTE

Si, mais d'un bonheur ordinaire. Je voudrais un bonheur émouvant.

PHILIPPE *(à part).*

Si je n'utilise pas à l'instant l'occasion. Elle est à jamais perdue. *(A Ginette.)* Il faut aimer, avoir des passions.

GINETTE

Oh ! oui ! c'est cela. Mais c'est difficile.

PHILIPPE

Comment difficile ?

GINETTE

Oui, pour moi. Je n'éprouve que superficiellement. Il me semble que mon cœur est très loin, au bout d'un chemin où on ne peut pas monter. Je ne souffre jamais. Et puis penser tout le temps à la même personne ! Moi j'oublie. Enfin il faut s'appliquer beaucoup. C'est très difficile. Vous ne pouvez pas savoir, vous ! Vous n'avez jamais aimé. Vous êtes un garçon sérieux.

PHILIPPE

Ne me dites pas ça, ça m'est insupportable. Et puis, ça n'est pas vrai ; je ne suis pas sérieux ; pas sérieux du tout. Parce que j'ai été le premier dans mes classes au lycée, ce n'est pas une raison pour que cette réputation me poursuive toute la vie. Et elle me poursuit depuis que j'ai eu un premier prix d'orthographe, depuis vingt ans.

GINETTE

Mais enfin vous n'êtes pas un passionné, quelqu'un qui aime, qui ne s'occupe que de ça.

PHILIPPE

Mais vous ne me connaissez pas. C'est inouï ! Vous ne me connaissez pas du tout. Je suis capable de toutes les folies, au contraire. Tenez, à six ans j'étais déjà amoureux.

GINETTE

Allons donc ! de qui.

PHILIPPE

D'une chanteuse d'opérette. On m'avait amené une fois au théâtre. Depuis ce jour, quand on disait dans la conversation : hier, mademoiselle Lucette a bien chanté le *Petit Duc*, je me troublais, je rougissais, j'étais obligé de m'enfuir pour cacher mon émotion, c'était de l'amour, cela.

GINETTE

Pourtant, vous n'avez pas l'air. Vous n'êtes pas un rêveur par exemple.

PHILIPPE

Pas un rêveur ? Mais au contraire. Je ne suis même que cela. Je le suis trop. C'est le malheur de ma vie d'être un rêveur.

GINETTE

Comment faites-vous ? Enseignez-moi. Je ne rêve jamais. Et j'aimerais tant. Mais voilà, je ne peux pas, je ne sais pas, rien ne me vient. Est-ce que ça s'apprend ?

PHILIPPE

C'est un don. On pleure sans savoir pourquoi si quelqu'un se met au piano, on aime la solitude...

GINETTE

Je voudrais aimer la solitude, mais je m'ennuie quand je suis seule.

PHILIPPE *(continuant).*

On se voit à travers de grands dangers, sauvant la vie de celle que l'on aime, on fait des châteaux en Espagne...

GINETTE

Vous faites des châteaux en Espagne ?

PHILIPPE

Certes. Des châteaux en Espagne, la belle expression. On est à cheval, au pied d'une montagne brûlée. L'on rêve de sa gloire comme Don Quichotte. Et les châteaux sont là-haut, sur la crête, construits en pierres rouges et l'on y arrive par un chemin qui tourne, à l'heure où le soleil se couche.

GINETTE

Oh ! nous irons ensemble, dites ? Il faut être dans des pays lointains pour avoir toutes ces pensées, tous ces rêves, car ce sont des rêves ?

PHILIPPE

Je crois bien.

GINETTE

On ne peut pas rêver vraiment, ici, aux environs de Paris.

PHILIPPE

Ici mieux qu'ailleurs au contraire. Cette maison, ce parc, rien n'est plus charmant et plus délicieux. Voyez l'allée déserte, la grille en fer forgé, le vieux marronnier ; le soir tombe. On dirait le premier chapitre d'un roman de Feuillet où deux amoureux loyaux se retrouvent et se baisent la main, à la dérobée, pour le bon motif...

GINETTE

Je ne vous connaissais pas sous ce jour. Vous ne m'aviez jamais parlé ainsi. Ah ! vous réservez ça pour d'autres. C'est mal, un vieil ami comme vous. Avec moi, vous êtes grognon, désagréable.

PHILIPPE

C'est le rôle d'un vieil ami, d'être désagréable. Mais à partir d'aujourd'hui je ne suis plus votre vieil ami.

GINETTE

Qu'allez-vous être alors ?

PHILIPPE *(à part).*

Courage ! l'occasion ! *(haut).* Je vais être... un ami nouveau.

GINETTE

Oh ! c'est cela. Un ami nouveau. Vous serez toujours de bonne humeur. Et l'on se dira tout. C'est si bon d'avoir un ami sincère, un confident. N'est-ce pas ?

PHILIPPE

Je crois bien.

GINETTE

Je ne savais pas que... vous compreniez la vie comme ça. Sans cela, je vous aurais fait des confidences.

PHILIPPE

Eh bien ! faites-les maintenant.

GINETTE

Voilà. Vous allez être très étonné.

PHILIPPE

Parlez tout de même.

GINETTE

Tout à l'heure, nous nous disputions au sujet d'André.

PHILIPPE

D'André ?

GINETTE

Oui, d'André Lapaume le chanteur.

PHILIPPE *(entre ses dents).*

Le tzigane ! *(haut.)* Eh bien !

GINETTE

Eh bien ! maintenant que vous m'avez dit tout ça, que je vois que vous comprenez l'amour, je peux vous le dire...

PHILIPPE

Quoi donc ?

GINETTE

Je crois que je suis amoureuse.

PHILIPPE

Amoureuse, vous... De qui ? c'est impossible.

GINETTE

Vous dites que c'est impossible parce que vous pensez que j'ai le cœur sec, parce que je parais terre à terre, sans idéal. Je le croyais aussi. Eh bien ! je m'aperçois que je me suis trompée. J'ai un idéal, j'aime. Oh ! pas beaucoup encore, mais en m'efforçant, avec la ferme volonté... J'arriverai à aimer André.

PHILIPPE

Eh bien ! Il est beau votre idéal. Je ne vous félicite pas.

GINETTE

Pour, ça, André est très bien. Toutes les femmes le disent. Il a beaucoup de succès. Mais vous savez, moi, ce n'est pas pour ça que je l'aime.

PHILIPPE

Que vous l'aimez !

GINETTE

Oui enfin, que je commence à l'aimer. Ce n'est pas pour son physique.

PHILIPPE

Pourquoi est-ce alors ? Il est stupide.

GINETTE

Les hommes, vous trouvez stupides tous les gens dont on vous parle. André est très intelligent, et si vous voyiez les lettres qu'il m'écrit...

PHILIPPE

Il vous écrit ?

GINETTE

Voilà. Il ne m'a jamais parlé d'amour, n'est-ce pas ; des allusions seulement, mais très discrètes. Il n'ose pas. Et alors il m'écrit. Presque tous les jours depuis que je suis ici je reçois une lettre. Et ses lettres sont admirablement écrites. Il trouve des choses ! Il ne signe pas pour qu'il y ait un doute. Eh bien ! cette idée de ne pas signer ses lettres, je trouve ça, très gentil, très délicat, très poétique surtout !

PHILIPPE *(à part).*

Très poétiques ! mes lettres ! c'est trop fort. *(Haut.)* Il n'y a rien de gentil ni de délicat à écrire des lettres et à ne pas les signer.

GINETTE

Il me voyait très souvent à Paris. Il aurait pu dire qu'il m'aimait ; oser même davantage. Au lieu de cela, il ne dit rien, il écrit. Vous ne sentez pas...

PHILIPPE

C'est absurde ! Quand on aime quelqu'un on le lui dit.

GINETTE

Tenez, laissons cela. Je savais bien que vous ne compreniez rien à l'amour. On voit que vous n'avez jamais aimé quoi que vous en disiez. *(Elle se lève et va à la porte du fond.)* Et Charlotte qui ne vient pas ! Quel ennui.

PHILIPPE *(à part).*

Si je laisse passer cette minute, je suis perdu.

(Ginette redescend et va s'asseoir au piano. Elle joue un air. Philippe s'avance derrière elle.)

GINETTE

Eh bien ! voyons ! Tournez la page.

PHILIPPE

(La voix changée, le visage décomposé.)

Ginette ! Ecoutez-moi... je voulais vous dire...

GINETTE *(continuant à jouer).*

Laissez-moi finir.

PHILIPPE

(Très haut pour couvrir le bruit du piano.)

Voilà. Je vous aime...

GINETTE *(se retournant.)*

Qu'est-ce que vous avez. Vous êtes malade ? Vous êtes tout changé, pâle, asseyez-vous.

PHILIPPE

Je ne suis pas malade... je vous aime... Je voulais vous le dire... depuis bien longtemps...

GINETTE

Vous êtes fou, à présent. Qu'est-ce que vous me racontez là ?

PHILIPPE

C'est la vérité. Je vous aime depuis dix ans. Depuis le jour où vous pleuriez sur le banc, dans le jardin et où je vous ai dit : voulez-vous que je sois votre véritable ami.

GINETTE

Ah ça, vous vous moquez de moi. Vous avez l'air de réciter une leçon.

PHILIPPE

Oui, c'est toujours comme ça pour moi. Ce que je pense, ce que je sens réellement, je le dis sur un ton faux, comme une leçon apprise, un mensonge. Si je mentais, au contraire, ce serait très bien.

GINETTE

Alors vous m'aimez ! C'est vrai, je n'en reviens pas.

PHILIPPE

Je vous ai dit ça, n'est-ce pas, pour que vous le sachiez...

GINETTE

Eh bien ?

PHILIPPE

Puisque vous aimez l'autre, ç'aurait été audessus de mes forces de rester auprès de vous.

GINETTE

Expliquez-vous.

PHILIPPE

Je n'ai plus qu'à partir.

GINETTE

Partir ! on ne se verrait plus ?

PHILIPPE

Il le faut maintenant.

GINETTE

Allons donc.

PHILIPPE

Il le faut.

GINETTE

Partir ! mais on était si heureux ainsi.

PHILIPPE

Oui, on était heureux. Mais on éprouve parfois le besoin de briser son bonheur.

GINETTE

Vous n'auriez dû rien dire, alors.

PHILIPPE

Rien dire ? Mais c'était impossible. Si je n'ai pas parlé plus tôt c'est notre amitié, notre terrible amitié qui m'en empêchait. Et puis, je vous aimais au point que dans la rue, si je croisais une femme qui avait votre parfum, trèfle incarnat et violette, je la suivais. Quand je lisais un roman, si un personnage y portait votre nom, il me devenait aussi cher que vous-même. Quand vous aviez chanté quelque part, si j'entendais parler de vous dans un groupe d'inconnus, mon cœur battait d'orgueil à leurs éloges et j'avais envie d'intervenir, de dire : Mais je la connais, je peux parler d'elle, je suis son vieil ami...

GINETTE

Vous m'aimez comme cela, tout de même !... Ne vous en allez pas.

PHILIPPE

N'être qu'un ami, même le meilleur, c'est vraiment trop peu. J'ai souffert beaucoup, sans qu'il y paraisse. Ainsi tenez, pour votre fête, je vous avais fait envoyer des roses. La fleuriste oublia de mettre ma carte. Vous avez fait des suppositions. Vous avez songé à tous les gens qui vous faisaient la cour à ce moment-là, et pas à moi. Je me taisais pensant que vous devineriez à la fin. Vous n'avez pas deviné. Et quand je vous ai dit que c'était moi, vous avez

eu comme une déception. Je sais bien, ce sont de petites choses. Mais le bonheur de la vie est fait de ces petites choses.

GINETTE

Que c'est drôle, tout cela...

PHILIPPE

Très drôle.

GINETTE

Oui, je suis étonnée, flattée aussi, que vous ayez vécu si longtemps sans me parler de votre amour ! Là aussi il y a beaucoup de poésie.

PHILIPPE

Beaucoup.

GINETTE

Dire qu'il y avait autour de moi une si belle chose dont je ne me doutais pas.

PHILIPPE

Il y en a bien d'autres peut-être. Allons, adieu Ginette.

GINETTE

Adieu ? Voyons, réfléchissez. Il me semble que c'est impossible de se quitter ainsi.

PHILIPPE

J'ai réfléchi. Nous ne nous verrons plus mais je resterai votre vieil ami, de loin. Nos relations communes me donneront de vos nouvelles. Vous n'aurez guère besoin de rien savoir sur moi. Et plus tard, qui sait, si vous étiez malheureuse, il vous sera peut-être doux de savoir qu'il y a quelque part un vieil ami oublié pendant les jours heureux, dont la pensée est restée fidèle à la vôtre, et qui serait trop fier de s'asseoir comme autrefois près de vous pour écouter le récit de vos chagrins.

GINETTE

Ah ! c'est triste, ce que vous dites. D'abord vous ne pouvez pas partir maintenant, il pleut trop. *(Elle regarde à la fenêtre. Philippe regarde au fond.)*

PHILIPPE

Il fait très beau. Adieu. C'est un autre que moi qui tournera les pages de votre musique désormais.

MAURICE MAGRE

SOCIÉTÉ NOUVELLE

DE

Peintres et de Sculpteurs[1]

A la société nouvelle, on retrouve avec plaisir des noms indépendants et aimés. On voudrait voir des œuvres plus complètes et moins d'études ; les études ne deviennent intéressantes que si elles encadrent des œuvres faites. Mais comme nous connaissons toutes les œuvres faites des peintres exposants nous sommes heureux néanmoins de voir de belles et fortes études.

M. H. Martin se recommande à l'attention des raffinés et des poètes. Ses études vraiment belles donnent bien l'impression de la lumière, de la vie et du mystère de la nature. Le métier est un peu uniforme peut-être, surtout pour des tableaux de chevalet ; qu'importe, *Le Crépuscule*, la *Vieille Maison*, le *Soir*, sont des œuvres délicieuses.

M. L. Simon est toujours le beau peintre des bretons. C'est puissant, c'est fort, c'est vrai. La petite esquisse *La Procession* est une œuvre complète. Le portrait de M.

(1) Galerie Georges Petit.

Blanche est d'une construction parfaite et d'une belle coulée de pâte. C'est bien là le portrait d'un ami.

M. Gaston Latouche est toujours le magicien qui fait vibrer les ors dans les intérieurs ou dans le plein air. Toutes ses œuvres sont souples et charmantes, fines de couleur et belles de mystère et de songe.

M. C. Cottet est un peu noir et un peu lourd dans ses marines. Il est plus beau dans ses études en Savoie. C'est plus distingué de ton. Ses personnages sont un peu inspirés de Torain, dommage. M. Cottet était si beau lorsqu'il était complètement lui-même, il nous doit des œuvres plus belles, plus émues, et, plus particulières.

M. René Ménard est toujours le peintre délicieux et le poète exquis, des féeriques aspects des bois.

M. de la Gandara nous attire par une petite tête d'homme belle de construction et de caractère. Ses autres œuvres ressemblent à des tapisseries. C'est frêle et petit et c'est dommage car du charme souvent se dégage des œuvres exposées.

M. Walter Gay est un peu pareil à lui-même.

M. Le Sidaner a cherché de la lumière et de la vie, bravo.

M. Blanche est un peu inférieur à lui-même, pourtant il est très beau dans plusieurs œuvres. *Bérénice* 2e et 3e attitudes un peu et heureusement inspirées de l'école espagnole.

MM. Dauchez, Duhem, Griveau, Vail et Baertsoen, nous séduisent aussi.

M. F. Thaulow peint des marbres comme de l'eau, pourquoi ?

M. Prinet a une belle exposition. Toutes ses œuvres sont intimes, pleines de charme. Le métier en est puissant, un peu dur parfois. Ses deux intérieurs avec figures, sa console, son canapé rouge se recommandent à l'attention des raffinés et des délicats.

En un mot, exposition intéressante, très intéressante même. Des recherches, des finesses, du caractère, de la vie et souvent de la puissance. C'est très bien.

P.-G. RIGAUD

CHRONIQUE DE LILLE

« L'HONNEUR », DE M. SUDERMAN

Je suis fâché contre la pièce de M. Suderman car elle va me forcer d'être subtil. C'est une thèse philosophique imprécise qui s'y trouve développée et il faut pour lui donner des contours nets un travail minutieux dans les définitions et dans le choix des expressions. — Laissez-moi avant tout vous dire deux mots sur l'auteur et vous raconter la pièce.

L'auteur, M. Suderman, est un allemand qui donna en 1900 au théâtre de la Renaissance une certaine *Magda* où ceux qui la virent jouer purent applaudir la grande actrice italienne Mme Eléonora Duse. La première représentation de l'*Honneur* eut lieu au théâtre Antoine, le 4 octobre 1901 (Traduction de MM. Rémon et Valentin).

Sans autre préambule abordons le sujet.

Robert Heinecke, fils de parents pauvres, est envoyé aux Indes par ses patrons pour diriger un de leurs comptoirs. Il revient au bout de dix ans, après fortune faite, avec le baron Trast — le Roi du Café — dont il s'est fait un ami. Il retrouve une de ses sœurs mariée avec un ouvrier, l'autre, grande enfant coquette et jolie a été séduite par le fils de ses patrons. Robert se décide à rester avec ses parents pour relever « l'honneur » de sa sœur et venger le sien.

Devant ces complications, le patron, M. Muhling, offre à ces pauvres gens 50.000 marcs pour réparer leur « déshonneur ». Les parents acceptent, se trouvent dédommagés, et M. Muhling trouve également qu'il a, par cette compensation, redoré le blason de son « honneur » à lui. Sa fille, Lénore, qui a appris la chose, n'est pas de son avis.

En apprenant que ses parents ont accepté l'argent, Robert se rend chez son patron pour le rendre; devant l'insolence du séducteur de sa sœur il s'élance vers lui pour le tuer quand Lénore s'interpose en laissant échapper l'aveu de son amour pour l'employé son père avec lequel elle veut fuir la maison où l'Argent (avec un grand A) est seul maître.

Je n'ai pas voulu interrompre le récit afin de mieux faire saillir la thèse (!) puisque thèse il y a, encore que ce mot m'horripile. Donc vous voyez la Thèse (mettons un grand T pendant que nous y sommes) : l'honneur des pauvres gens est satisfait après qu'ils ont reçu les 50.000 marcs ; celui du patron retrouve son lustre quand le mari a payés, seul le jeune Robert estime que l'honneur ne peut se payer (« Ce qui est impayable », me soufflait un voisin facétieux).

Donc conclut l'auteur : L'Honneur est une chose essentiellement contingente, variable suivant la position sociale, l'éducation, etc...

Et savez-vous ce que J.-Jacques Rousseau écrit dans l'*Emile?* « L'honneur n'est point variable ; il ne dépend ni des temps, ni des lieux, ni des préjugés... »

Encore que l'honneur soit essentiellement complexe, je définirai : « Le véritable honneur est le sentiment qu'on a de son devoir et qui consiste, comme le dit un philosophe, « à mépriser toute action honteuse, dût-elle n'être jamais connue ni même soupçonnée ». Voilà, à mon avis, l'honneur en tant que sentiment intime ; en tant qu'apparaissant au dehors je dirai : « L'honneur est le rayonnement du devoir ».

Ah! nous y sommes! L'honneur est un sentiment qui a sa source dans le devoir, donc on aura ce sentiment plus ou moins affiné selon qu'on aura une vue plus ou moins nette de son devoir, et l'éducation, le milieu, etc... influent sur cette vue du devoir ; donc l'honneur semble varier suivant les milieux et les castes, en réalité il n'en est rien : le type éternel et abstrait du *véritable* honneur est toujours là, ce qui varie ce sont les diverses conceptions que l'on se forge d'après ses intérêts, ses passions ou ses vices.

Eh bien ! vous savez, je ne voudrais pas écrire tous les jours des critiques comme celle-ci, mais enfin j'y suis : je ne relis pas ce que je viens d'écrire parce que je n'y veux rien changer et que j'ai peur de dire du mal de cette pièce qui m'a bien intéressé.

Tirons deux conclusions de ce qui précède ; et d'abord : on aura un sentiment d'autant plus juste du véritable honneur que l'on aura plus conscience de son devoir et de sa dignité ; ensuite : la pièce de M. Suderman n'est pas « une dissertation philosophique profondément pensée », comme le prétendent certains critiques bienveillants.

Pour que cet éloge fût mérité, il eût fallu qu'à côté de ces conceptions ondoyantes et diverses du devoir nous voyions saillir et rayonner sur l'œuvre un personnage incarnant la véritable conception. Mais, me direz-vous, et Robert ? Eh bien, voilà ! Robert n'est présenté que comme une de ces conceptions diverses et non comme une vérité. Il y a bien le baron Trast, le roi du café, qui dit un mot bien beau à Robert. Celui-ci lui demande : « Par quoi remplacer cet honneur qui n'est qu'un préjugé, une chose contingente et variable ? » Et le baron de répondre : « Par le devoir ! » Mais le malheureux! il oublie que l'honneur est dans le devoir et que l'autre est un faux honneur : ce dont nous n'avons que faire !

Et les caractères? Il n'y en a pas. Non vraiment il n'y en a pas. Etant donné que l'on nous présente des conceptions diverses et contradictoires d'un même sentiment sans nous montrer la vraie *ou du moins sans la présenter en tant que vraie*, il n'y a que des échantillons. Ils sont d'ailleurs très bons et méritent d'être vus. La pièce est bien conduite, ses quatre actes sont enchaînés comme un syllogisme ; c'est pensé, mais confusément pensé. Les brumes de la traduction ont peut-être influé sur la thèse ?... C'est possible.

Enfin, c'est une bonne pièce intéressante, qu'il faut aller voir. Le Théâtre municipal lillois nous a donné de bonnes choses sous l'habile direction de M. Bourdette. Il convient de l'en remercier à la fin de la saison.

M. Sylva, notre grand premier rôle, a donné un bon caractère personnel au baron Trast ; M. Cassin fut « vrai » dans le rôle difficile de Robert et M. Gabel excellent dans le rôle gravement comique du père Heinecke. Mlle Dory fut une bonne et ravissante Alma ; Mme Balzau a joué son rôle de Lénore exactement comme elle avait joué dans le *Maître de Forges* la veille et dans *Le Gendre de M. Poirier* le lendemain, c'est-à-dire avec une distinction juste, une autorité froide et parfois un pathétique mesuré. Ce n'est pas mauvais, loin de là, mais enfin Lénore n'est pas Antoinette et cette dernière n'est pas le sosie de Claire.

Mars 1904.

CH. CLARISSE.

ÉCHOS DE PARTOUT

PARIS

On se rappelle le premier concours institué par la Société des Poètes français, et clos le 31 décembre 1903. Les lauréats de ce concours doivent, aux termes du Règlement, bénéficier de l'édition, aux frais de la Société, d'une plaquette de vers formant la sélection de leurs œuvres inédites.

Le Jury, présidé par M. Auguste Dorchain, après un examen minutieux des nombreux manuscrits présentés, vient de clore ses opérations par un vote significatif, en décidant que faute d'avoir découvert une œuvre révélatrice d'un talent vraiment supérieur, il y aurait lieu pour la Société de faire participer à une commune édition, et à titre d'encouragement, les trois poètes suivants, dont les envois ont été les plus remarqués, et dans l'ordre que voici, savoir :

1er M. Jules Romains (de Paris). — *La Ville consciente. Le Sommeil du Fleuve.*
2e M. Charles Martin (de St-Cloud). — *Les Animaux, La Vitrine.*
3e M. Edouard d'Hioghe (de Douai). — *L'Autre, Les Morts qui vivent.*

En outre le Jury a décerné les mentions suivantes :

1res Mentions :

M. Raoul Gaubert (de Paris). — *Ce qui n'aura jamais été.*
M. Edgard Robinet (de Paris). — *Brume.*
Mlle Marie-Anne Cochet (de Tours). — *Le Chant du Trépassé.*
M. Francis Eon (de Fontenay-le-Comte). — *La Route, Vendanges.*

2es mentions :

Mme Ardoin-Bernard de Renaison (de Lille). — *Bruges.*
M. Neloon Couytigue (de Bordeaux). — *La Faute.*
M. Pierre Audibert (de Paris). — *Eros.*
Mme Antoinette Renaud (de Moret). — *Le Souvenir, Tahiti.*

2e Mention hors conditions du concours :

M. Schneeberger (de Paris). — *La Vaine Aventure.*

Les divers poèmes mentionnés paraîtront en

partie au Bulletin de la Société et seront dits à l'issue du prochain banquet des Poètes français. qui aura lieu dans le courant d'avril.

*
**

Mme Eugénie Dietz donnait le 23 mars en la salle des Ingénieurs civils, rue Blanche, un très beau concert auquel assistait une élite de lettrés, d'artistes et de gens du monde. On a particulièrement applaudi l'éminente pianiste dans quelques œuvres de Schumann, de qui elle est aujourd'hui l'interprète idéalement émouvante, au style impeccable. Le compositeur Gabriel Fabre prêtait son concours à cette belle soirée, il accompagna M. Delaquerrière, de l'Opéra-Comique, dans *S'il revenait un jour* et *l'Archet*, deux œuvres connues et justement appréciées dont il serait puéril de renouveler l'éloge.

DÉPARTEMENTS

CHARLEVILLE. — Le Concert offert par la Société Philharmonique de notre ville à ses membres honoraires fut très réussi.

Ce fut un vrai régal artistique d'entendre la charmante divette Alice Bonheur dans une fantaisie opérette de Charles Alphand, musique d'Edouard Mathé *Le Bonheur avant tout*, et dans ses *Chansons Vendéennes*, qu'elle détaille à ravir.

Paul Franck, de l'Odéon, se tailla une large part du succès dans *Flirt*, pantomime dont il est l'auteur, secondé par Mme Paula Monti, des Mathurins, et dans *Eux*, comédie de Maurice Donnay où il avait comme partenaire l'excellente Paule Dartigny, du Gymnase.

M. Roméo Berti, ténor du Théâtre de la Scala de Milan, révéla un merveilleux organe dans le grand air de *Manon*.

Le talentueux compositeur, Edouard Mathé fut aussi fort apprécié comme accompagnateur. L'orchestre, sous la direction de son distingué chef, Armand Tridémy, fut, comme toujours, admirable d'ensemble.

En somme, cette soirée fait grand honneur au dévoué président de la Société, M. Herbulot, auquel nous adressons nos plus vives félicitations.

M. H.

GIMONT. — Le dernier concert offert par la société chorale les *Cigaliers* à ses membres honoraires fut particulièrement réussi. Mme Louise Dumont, une jeune cantatrice d'avenir, et M. Léger, le distingué professeur au Conservatoire de Toulouse, prêtaient leur concours à cette fête. Parmi les différents numéros d'un programme très attrayant, nous mentionnerons le 4ᵉ acte de la *Favorite* consciencieusement interprété par Mme Louise Dumont, et MM. Salvani et Sabathier ; avec un goût très sûr M. Dubarry chanta un air des *Noces de Jeannette* et *Vision fugitive* de Massenet ; M. Cavaré, un ténor à la voix charmante détailla l'air de la *Berceuse* de *Jocelyn* ; M. Léger obtint un succès très mérité avec les *Bœufs* de Pierre Dupont qu'il chanta en artiste et en musicien impeccable. Citons encore M. Sabathier, qui fit valoir dans l'air de la Calomnie du *Barbier de Séville*, les ressources de son admirable voix de basse. Les *Cigaliers*, excellement dirigés par M. Salvani firent entendre plusieurs chœurs de leur répertoire aux applaudissements de l'auditoire. Reconnu Mme et M. Daguzan, Mme et M. Broustet, les charmantes Mlles E. et J. Lacan, M. A. Boubée, etc.

FLAMBARD.

MARSEILLE. — *Opéra Municipal*. — La quinzaine écoulée a été occupée par *Messaline*, *Rigoletto*, quelques opéras du répertoire et les *Maîtres chanteurs*. Les représentations de l'œuvre de Wagner sont fort drôles à observer ; maintenant que les premières représentations ont épuisé le zèle des Wagnériens, et que c'est le public ordinaire qui garnit la salle. Peu de gens, y comprennent quelque chose, mais croient de bon ton d'applaudir à la chute du rideau. Et ces conversations dans les couloirs ! Il faut entendre cela ! Le gros public marseillais n'est pas encore mûr pour la musique compliquée du maître Allemand.

On vient de reprendre *Louise*, de Charpentier, qui n'avait pas été donnée ici depuis fort longtemps. Montée un peu trop à la hâte, cette œuvre n'en a pas moins obtenu un très vif succès. Mlle Charbonnel, toujours sacrifiée, et à laquelle on donne peu souvent des rôles permettant de mettre en valeur son prestigieux talent, a composé et chanté supérieurement le rôle de la mère. Louise, c'était Mlle Gril, obtint un bon succès, au 3ᵉ acte surtout. M. Rothier a donné au père de Louise une intensité dramatique qui a remué les cœurs.

Quand les autres rôles seront mieux sus, ce sera tout à fait bien.

Orchestre comme toujours, impeccable, sous la baguette de M. Miranne.

H. DU PUISAT.

NICE. — *Opéra*. — Une véritable nouveauté, *La Flamenca*, opéra-comique, qui, jusqu'alors, n'avait été joué que sur la scène de la Gaieté ! Notre directeur, M. Saugey, a tenu à en faire bénéficier notre Opéra immédiatement après Paris, avec les mêmes principaux interprètes !

Comme poème, *La Flamenca* a certains points de ressemblance avec *Carmen*. Comme Carmen, la Flamenca a pour amant un jeune sous-officier et, comme elle, meurt, au dernier acte, d'un coup de poignard ! Ce sont les seules comparaisons à établir.

Interprétation supérieure avec Marie Thierry et MM. Leprestre et Roselly.

Très applaudie, Mlle Lapoutge dans ses danses exotiques.

Orchestre sous la haute direction de Luigini ! ce nom en dit suffisamment !

Siegfried qui vient de paraître sur notre première scène sera certainement le gros événement artistique de la saison !

Avec *L'Or du Rhin* et *La Walkyrie*, il fait partie de cette tétralogie, œuvre grandiose de Wagner.

Merveilleux décors et interprétation remarquable avec Mmes Litvine, Miranda et MM. Stuart, Roselly et Edwy.

L'orchestre est demeuré dans la tradition. Compliments à M. Dobbelaer et aux courageux exécutants.

L. ROZE.

NIORT. — *Concert de la Philharmonique*. — Nous regrettons que la place nous manque pour parler en détail de ce concert, le dernier de la saison, un des plus beaux certainement que la Société ait jamais donnés. L'admirable violoncelliste, André Hekking, enthousiasma le public par sa merveilleuse sonorité, son jeu puissant, son style à la fois délicat et sévère, dans la *Sonate* de Grieg, qu'il joua avec Mme Miclos, puis dans une *Sonate* de Valentini aux rythmes délicieusement archaïques, le *Kol Nidreï* de Max Bruch, le célèbre *Largo* d'Haendel et une *Mazurka* de Popper. Jacques Thibaud seul a produit ici semblable impression.

Outre la *Sonate* de Grieg, nous applaudîmes la célèbre pianiste qu'est Mme Roger-Miclos dans le *Carnaval* de Schumann, l'*Arietta Variei* d'Haydn, une *Valse Posthume* de Chopin et la *Fileuse* de Mendelssohn. Mme Roger-Miclos fut, en outre, l'accompagnatrice discrète et dévouée d'Hekking et de Mme Ida Ekmann. Cette dernière nous chanta avec une ampleur et une souplesse infinies un air de la *Dame de Pique* de Tschaïkowski, un air de la *Flûte enchantée* de Mozart, et la géniale *Absence* de Berlioz, mais surtout des *lieds* délicieux de Schumann, Schubert, Brahms et R. Strauss, qu'elle seule peut-être sait chanter ainsi ; elle termina en détaillant avec art une vieille et délicate chanson de nos ancêtres *La Bergère aux champs*, que l'on souhaiterait d'entendre accompagner au clavecin.

L'orchestre, sous l'habile et dévouée direction de M. Louis Conte, exécuta passablement l'*Ouverture de Ruy-Blas* de Mendelssohn, l'*Andante du 1ᵉʳ quatuor à cordes* de Tschaïkowski, et la deuxième suite de l'*Arlésienne* (malgré un point d'orgue de cor un peu chevrotant dans la *Pastorale*).

F. D.

PAU. — La Direction du Palais d'Hiver, toujours soucieuse de satisfaire le public nombreux et choisi qui chaque soir se presse dans la salle du théâtre, voit ses efforts largement récompensés. La représentation de *Roméo et Juliette* qui avait attiré au Palais d'Hiver une foule pour laquelle le nombre des places était trop restreint, a bien continué la série d'opéras de la saison. M. Scaramberg y a remporté un éclatant succès, et la salle lui a largement témoigné sa satisfaction. Mme Merey a été à côté de lui une excellente Juliette.

Werther a été également fort bien rendu. M. Scaramberg y a été encore un magnifique Werther, amoureux passionné de Charlotte dont Mlle de Roskilde a mené le rôle avec beaucoup de goût et de délicatesse.

Comme opérettes et comédies nous avons eu :

Le Petit Chaperon rouge, où Mlle Marty, MM. Rauté, Servat et Chambéry ont déployé tout leur talent. *Les Maris de Léontine* et le *Prince d'Aurec* ont encore tenu l'affiche, et avec succès.

Signalons aussi la création au Palais d'Hiver du *Réveil du Poète*, pièce en vers de M. Vidiam Martin. M. Brémond a créé le rôle du poète, et Mlle O. Van Riel a admirablement créé le rôle délicat et difficile de l'Amour : nous adressons à cette jeune artiste, toutes nos félicitations pour son talent d'interprétation, ainsi qu'à M. Brémond.

L. BAYLE.

SAINT-ETIENNE. — *Audition des Elèves du Conservatoire*. — L'audition des élèves du Conservatoire a eu lieu dimanche, attirant ainsi que d'habitude une grande affluence et obtenant un vif succès.

Nous avons notamment remarqué Mlle Claudia Laurol, jeune élève de M. Bertoglio, dans l'exécution de *Brindisi*, valse lente pour violon d'Allard ; Mlle Souvignet, élève de M. Renel-Mauroz, dans l'*Impromptu* en ut dièze mineur de Chopin ; Mlle Riou, élève de M. Kuhn, dans un *Concerto* en la mineur ; Mlle Suzanne Faure, élève de M. Bertoglio, dans l'interprétation d'une *Fantaisie-ballet*, de Bériot, dont elle s'est tirée à ravir ; Mlle Doranjou (*Presto agitato*, Beethoven) ; Mlle Stagienska (*Sigurd*).

M. Bertoglio, encouragé par le succès très vif d'un précédent concert avait eu l'idée de faire figurer au programme le *Mouvement perpétuel* de Paganini. Exécuté par Mlles Suzanne Faure, Géraud, Nival, Marguerite Chevret, Boué, Chabanon, et de MM. Boucher et Ribeyron, ce morceau a retrouvé les applaudissements qui l'avaient accueilli lors de sa première audition.

En somme, audition très satisfaisante.

M. B.

TOULON. — Le fait saillant de la quinzaine qui vient de s'écouler est sans contredit la première de *Un drame sous la Terreur à Toulon*, de notre concitoyen L. Mongin, donnée le dimanche 13 mars à notre Grand-Théâtre. Cette pièce, véritable drame local, bien charpentée et parsemée de scènes pathétiques, a obtenu, hâtons-nous de le dire, un très joli succès. L'interprétation fut excellente ; à la chute du rideau, l'auteur fut acclamé et des palmes lui furent offertes.

MÉPHISTO.

—>·<—

BIBLIOGRAPHIE

JEAN DE BONNEFON. — *Les cas de Conscience modernes*. — Dans ce volume, documenté toujours ému souvent, ironique parfois, M. Jean de Bonnefon examine les cas les plus modernes qui se posent aux consciences catholiques.

Les solutions données par l'auteur, les doutes qu'il émet avec discrétion, les exemples qu'il cite forment-ils un ensemble de parfaite orthodoxie ? Nous n'oserions pas l'affirmer.

Mais les chapitres sur le divorce et les annulations religieuses de mariages, sur les enfants illégitimes, sur le flirt, sur l'amour libre et l'Eglise, sur le baptême des fœtus, sont d'une haute et savante curiosité. Afin de n'être pas en retard vis-à-vis de l'actualité, M. Jean de Bonnefon envisage, même au point de vue religieux, la question des automobiles.

Le succès de ce livre égalera près du public celu

des chroniques où l'écrivain a vulgarisé avec tant de talent l'étude des questions religieuses. Un volume in-18, prix : 3 fr. 50. Ambert et Cie, éditeurs, 25, rue Lauriston, Paris.   J.-P.

AIMÉ GIRON ET ALBERT TOZZA. — *Antinoüs.* — Antinoé, la ville du Nil que les récentes exhumations de M. Gayet nous ont rendue présente et familière, Antinoé, ressuscitée, rajeunie par la Science après avoir été créée par l'Amour ; Antinoüs, la figure la plus charmante de l'Antiquité, la Beauté faite homme, celui vers qui, à travers les siècles, va l'admiration inquiète et émue des vierges ; les personnages que nous connaissons déjà pour les avoir vus au Musée Guimet, pour avoir cherché à lire sur leurs visages apaisés par la mort, dans leurs yeux clos à jamais, le secret de leurs douleurs et celui de leurs amours ; les courtisanes Thaïs et Leukyóné, Myrithis la magicienne, l'ascète Sarapion, le gouverneur Diodoros Zonas, le clarissime Chalcentère, d'autres encore... Une cité de joie et d'amour, vouée au culte du Plaisir, et à côté, tapis dans des cavernes creusées au flanc de la Montagne Arabique, une horde d'anachorètes qui représentent — avec une sorte de haine pour tout ce qui est jeune, pour tout ce qui est beau, pour tout ce qui est la vie — la religion de la tristesse et du renoncement.

Deux civilisations qui se méconnaissent et se heurtent, la lutte du rigorisme chrétien contre la sensualité païenne.

Tel est le sujet, captivant entre tous et merveilleusement compris et rendu, d'*Antinoüs* que publient Aimé Giron et Albert Tozza. A ceux qui savent encore apprécier les beaux livres, les deux auteurs de l'*Augustale* et du *Bien-Aimé* offrent une fois de plus le régal d'un roman qui est une œuvre de tendresse, de passion, une œuvre d'art surtout. Certaines pages — comme les danses amoureuses de Byblis, la fête des Baisers — sont de délicieuses idylles, d'autres — comme les incantations de Myrithis ou la destruction d'Antinoé — des drames émouvants que l'on dirait, tant l'imagination et le sens du réel s'y mêlent harmonieusement, pensés par un historien et écrits par un poète. Un volume in-18, prix : 3 fr. 50. Ambert et Cie, éditeurs, 25, rue Lauriston, Paris.   J.-P.

JULES RENARD. — *Comédies* (Ollendorff). — Jules Renard a réuni sous ce titre quatre pièces assez courtes : *Le Plaisir de rompre, Le pain de ménage, Poil de Carotte* et *Monsieur Vernet.* Les deux premières sont d'admirables dialogues d'une étonnante vérité psychologique. Mais les dernières l'emportent encore en intérêt. Toutes deux sont tirées des romans antérieurs de l'auteur *Poil de Carotte* et l'*Écornifleur.* Mais les petits faits, les menues observations, les images amusantes du livre sont supprimées. Il ne reste de la suite des circonstances que juste ce qui est nécessaire pour nous montrer le caractère des personnages. Les comédies, j'allais dire les drames de Jules Renard sont d'un raccourci saisissant. Et je crois bien que de ces quatre chefs-d'œuvre, *Poil de Carotte* est le chef-d'œuvre. D'ores et déjà, le théâtre de Jules Renard est classique.   T. K.

ERNEST GAUBERT. — *Sylvia* (Bibliothèque internationale d'édition, E. Sansot et Cie).

Ce n'est qu'une historiette d'amour que conte l'auteur en ce livre, mais elle est très joliment contée, dans une langue harmonieuse. Le récit de la promenade à Saint-Guilhem-le-Désert est un chapitre charmant. Le format du livre est petit et très élégant. Ce sera celui de toute la collection d'œuvres choisies de Maurice Barrès, qui doit paraître chez le même éditeur.   T. L.

Un jeune écrivain dont le nom se révèle à la littérature par un début des plus intéressants, M. René Béchamc, vient de faire paraître chez Clerget, l'*Histoire d'une société.* Son premier volume qui prélude à une suite prochaine par l'observation piquante et vécue des mœurs d'une petite ville de province, nous font assister à l'éducation d'Alfred Varambaud, élevé selon le rite coutumier, dans la crainte de Dieu et de Croquemitaine, dans l'horreur du travail pour le travail, et par suite dans le scepticisme moral inhérent à toute éducation brillamment stérile. Ces pages qui sont comme autant de croquis pleins d'exactitude affirment la vigueur de ce jeune tempérament d'avenir.   B.

CHEMINS DE FER DE L'EST

Service les plus directs

ENTRE

PARIS, FRANCFORT-S.-MEIN & COBLENCE

Paris-Francfort-s.-Mein

A. — VIA METZ-MAYENCE

ALLER

		1re et 2e classes*	1re et 2e classes**
Paris (Est)....	départ	8 h. 25 m.	8 h. 25 s.
Metz	arriv.	3 h. 40 s.	5 h. 0h m.
	départ	3 h. 49 s.	5 h. 16 m.
Francfort-s.-M.	arriv.	9 h. 16 s.	11 h. 15 m.

RETOUR

Francfort-s.-M.	départ	7 h. 02 m.	7 h. 17 s.
Metz	arriv.	midi 26.	minuit 58.
	départ	midi 38.	1 h. 07 m.
Paris (Est)....	arriv.	6 h. 12 s.	8 h. 45 m.

(*) Voitures directes de 1re et 2e classes.
(**) Voitures directes de 1re et 2e classes et Wagons-Lits entre Paris et Francfort-sur-Mein.
Durée du trajet : 12 heures environ.

B. — VIA AVRICOURT-CARLSRUHE

En utilisant les trains de luxe ci-dessus, on atteint Francfort-sur-Mein en 11 heures 1/2.

		Orient-Express.
Paris (Est).............	départ	7 h. 08 s.
Carlsruhe............	arriv.	4 h. 39 m.
		Trains express.
	départ	5 h. 15 m.
Francfort-sur-Mein.......	arriv.	7 h. 43 m.
		Trains express.
Francfort-sur-Mein.......	départ	8 h. 10 s.
Carlsruhe	arriv.	10 h. 26 s.
		Orient-Express.
	départ	10 h. 44 s.
Paris (Est).............	arriv.	7 h. 33 m.

Dans les trains d'Orient, le nombre des places est limité, les voyageurs qui désirent s'assurer des billets pour ces trains doivent s'adresser, à l'avance, à la Compagnie internationale des Wagons-Lits, 3, place de l'Opéra, à Paris.

Le supplément perçu directement par la Compagnie est de 17 fr. 50 pour le trajet simple entre Paris (Est) et Carlsruhe.

C. — PARIS, COBLENCE & EMS

Par Metz-Trèves ou par Longwy-Luxembourg.

	Viâ Luxembourg		Viâ Metz	
	1e, 2e, 3e Classes.		1e et 2e Classes. Wagons-lits, Paris-Metz	
Paris (Est). dép.	8.15 m.	9.50 s.	8.25 m.	8.25 s.
Trèves ....arr.	5.45 s.	8.12 m.	5.58 s.	8.04 m.
— ...dép.	6.03 s.	8.25 m.	6.03 s.	8.25 m.
Coblence.. arr.	8.00 s.	10.28 m.	8.00 s.	10.28 m.
Ems...... arr.	9.18 s.	11.03 m.	9.18 s.	11.03 m.
Ems.... dép.	7.58 m.	10.20 m.	10.20 m.	7.56 m.
Coblence dép.	8.43 m.	11.25 m.	11.25 s.	8.35 s.
Trèves.. arr.	11.21 m.	1.21 s.	1.21 s.	10.38 s.
— .. dép.	11.41 m.	2.48 s.	1.32 s.	10.53 s.
Paris (Est) arr.	6.28 s.	11.35 s.	10.55 s.	8.45 m.

Durée du trajet : de 10 h. 1/2 à 13 heures pour Coblence, et de 11 h. 1/2 à 14 heures pour Ems.

CHEMINS DE FER DE PARIS A LYON ET A LA MÉDITERRANÉE

Trains extra-rapides entre Paris & Menton

La Compagnie Paris-Lyon-Méditerranée mettra en marche tous les jours, à partir du 4 janvier, entre Paris et Menton, deux trains extra-rapides comportant des places de wagons-lits (sleepings-cars), de lits-salons et de 1re classe et partant, l'un de Paris à 7 h. 25 soir et l'autre de Menton à 7 h. 07 soir.
Trajet de Paris à Cannes en 14 h. 31.
Trajet de Paris à Nice en 15 h. 09.
Ces trains ont un nombre de places limité.
On peut retenir ses places d'avance, aussi bien en 1re classe qu'en compartiment de luxe, en s'adressant à la gare Paris-Lyon et aux bureaux de ville de Paris, rue Saint-Lazare et rue Sainte-Anne, à l'aller : aux gares de Menton, Monte-Carlo, Nice, Cannes et Toulon, au retour.

CHEMINS DE FER DU NORD

Paris-Nord à Londres

VIA CALAIS OU BOULOGNE
5 services rapides quotidiens dans chaque sens
Voie la plus rapide
Tous les trains comportent des 2es classes.
En outre, les trains de l'après-midi et de Malle de nuit partant de Paris-Nord pour Londres à 3 h. 25 soir et à 9 h. soir, et de Londres pour Paris-Nord à 2 h. 45 soir et à 9 h. soir, prennent les voyageurs munis de billets directs de 3e classe.

Paris-Nord à Londres

	Paris-Nord, départ	Londres, arrivée
1re, 2e cl. (a) (WR), *viâ* Calais	9 h. 55 m.	4 h. 50 s.
1re, 2e cl. (a), *viâ* Boulogne.	10 h. 30 m.	5 h. 50 s.
1re, 2e cl. (a) (WR), *viâ* Calais	11 h. 20 m.	7 h. s.
1re, 2e, 3e cl. (du 1er juin au 31 octobre inclusivement), *viâ* Boulogne..........	3 h. 25 s.	11 h. 05 s.
1re, 2e, 3e cl., *viâ* Calais...	9 h. » s.	5 h. 30 m.

Londres à Paris-Nord

	Londres, départ	Paris-Nord, arrivée
1re, 2e, cl. (a) (WR), *viâ* Calais	9 h. » m.	4 h. 45 s.
1re, 2e cl. (a), *viâ* Boulogne.	10 h. » m.	5 h. 50 s.
1re, 2e cl., *viâ* Calais.......	11 h. » m.	7 h. » s.
1re, 2e, 3e el. (WR), *viâ* Boulogne (du 1er juin au 31 octobre)...............	2 h. 45 s.	11 h. 10 s.
1re, 2e, 3e cl., *viâ* Calais....	9 h. » s.	5 h. 50 m.

(a) Trains composés avec les nouvelles voitures à couloir sur bogies de la Compagnie du Nord, comportant water-closets et lavabo.

(W.R.) Wagon-Restaurant. Les voyageurs de première classe y ont seuls accès ; les voyageurs de deuxième classe n'y sont admis qu'en payant le supplément de deuxième en première classe.

Services officiels de la poste (viâ Calais)

La gare de Paris-Nord, située au centre des affaires, est le point de départ de tous les grands express européens pour l'Angleterre, l'Allemagne, la Russie, la Belgique, la Hollande, l'Italie, la Côte d'Azur, les Indes, l'Egypte, etc.

Nota. — Les indications concernant les heures étrangères sont données sous toutes réserves.

En prévision de modifications dans les horaires, consulter les affiches de service.

CHEMINS DE FER DE L'OUEST

BILLETS DE FAMILLE A PRIX RÉDUITS

DÉLIVRÉS TOUTE L'ANNÉE

des Gares du réseau de l'Ouest aux Stations hivernales de la Méditerranée

Toutes les gares de la Compagnie des chemins de fer de l'Ouest (Paris excepté), délivrent aux voyageurs se rendant en famille (4 personnes au moins) aux stations hivernales suivantes du réseau de la Compagnie P.-L.-M. : Agay, Antibes, Saint-lieu, Cannes, Golfe Jouan, Vallauris, Grasse, Hyères, Menton, Monte-Carlo, Nice, Saint-Raphaël-Valescure et Villefranche-sur-Mer, des billets d'aller et retour de 1re, 2e et 3e classes, valables 33 jours et pouvant être prolongés d'une ou de deux périodes de 30 jours, moyennant un supplément de 10 o/o par période.

Pour connaître le montant de la somme à payer pour ces voyages, il suffit d'ajouter au prix de six billets simples ordinaires le prix d'un de ces billets pour chaque membre de la famille en plus de trois.

Ainsi, une famille composée de quatre personnes ne paiera, aller et retour compris, qu'un prix égal à sept billets simples. Cinq personnes ne paieront que l'équivalent de huit billets simples, etc.

SPECIALITÉ DE MEUBLES LAQUÉS

Meubles de fantaisie et de luxe

A. SCHREIBMANN

66, rue de Chabrol, 66 — Paris

CONDITIONS SPÉCIALES AUX ARTISTES

Le Gérant : ALFRED-LÉOPOLD FORTIN.   Imp. G. MERGAULT et Cie, 12, rue Martel, PARIS